Experiencia y comunicación

Bruno Leal y Carlos Mendonça
(editores)

Experiencia y comunicación

Tiempo, agencia, cuerpo y texto
como articuladores teóricos y metodológicos

Prólogo de Gonzalo Abril

sb

Madrid • Buenos Aires • México • Bogotá • San Pablo • Lima • Santiago • Montevideo • Asunción

Experiencia y comunicación / Bruno Leal ... [et al.] ; Editado por Bruno
   Leal ; Carlos Mendonça ; Prólogo de Gonzalo Abril. - 1a ed - Ciudad
   Autónoma de Buenos Aires : SB, 2025.
   132 p. ; 23 x 16 cm. - (Comunicación, arte y consumo / Clotilde Perez, ; 4)

   ISBN 978-631-6680-01-3

   1. Comunicación. 2. Epistemología. 3. Semiótica. I. Leal, Bruno II. Leal, Bruno ,
ed. III. Mendonça, Carlos , ed. IV. Abril, Gonzalo , prolog.
   CDD 306

Edición original en portugués: Teorias da comunicacao e experiencia: aproximacoes,
Editora Fi © 2022

1ª edición en español: marzo 2025
ISBN: 978-631-6680-00-6

Sb editorial

Argentina: Salta 188, Piso 3 - C1074AAD - Ciudad Autónoma de Buenos Aires
www.editorialsb.com • ventas@editorialsb.com • +54 9 11 3012 7592
España: Calle Azafrán, N° 9 Piso 2° A - 28222 Majadahonda - Madrid
www.editorialsb.com • ventas@editorialsb.com • +34 695 700 395
México: Juan José Eguiara y Eguren 7 - 06850 - Cuauhtemoc - Ciudad de México
www.editorialsb.com.mx • ventas@editorialsb.com.mx • +52 33 3029 8628

Director general: Andrés C. Telesca (andres.telesca@editorialsb.com)
Directora de colección: Clotilde Pérez (cloperez@terra.com.br)
Diseño de cubierta e interior: Cecilia Ricci (riccicecilia2004@gmail.com)
Corrección: Marjorie Flores

Índice

Prólogo

Gonzalo Abril[1]

"La experiencia misma, y lo que hay de más irreductible en la experiencia: paso y salida hacia lo otro, lo otro mismo en lo que tiene de más irreductiblemente otro: el otro". Así formulaba Jacques Derrida en *La escritura y la diferencia* la que podría servir como justificación filosófica del desiderátum que plantean los organizadores en la Presentación de este libro: indagar la articulación entre experiencia y comunicación a través de las múltiples dimensiones que la hacen posible, tales como el tiempo, la agencia, el cuerpo y el texto.

La apertura a la otredad, a la que de tan variadas maneras han respondido históricamente los estudios sobre *comunicación* –una noción no menos compleja y heterogénea que la de *experiencia*– solo puede ser pensada y provista discursivamente. Simone de Beauvoir se preguntaba cómo puede mi experiencia vivida convertirse en la de otro. Y respondía categóricamente: "de una

---

1 Doctor en Filosofía y Catedrático Emérito de Periodismo en la Universidad Complutense de Madrid. Ha ejercido la docencia en diversas universidades de España y América Latina y su actividad investigadora versa sobre semiótica, comunicación, teoría de la información y análisis de la cultura. Durante los últimos años se ha interesado especialmente por las relaciones entre los discursos y las culturas visuales, desde una perspectiva crítica y transdisciplinar. Es autor, entre otros, de los libros: *Análisis crítico de textos visuales: Mirar lo que nos mira* (Madrid, 2007), *Cortar y pegar: La fragmentación visual en los orígenes del texto informativo* (Madrid, 2003), *Presunciones II: Ensayos sobre comunicación y cultura* (Salamanca, 2003), *Teoría General de la Información: Datos, relatos y ritos* (Madrid, 1997), *Presunciones* (Valladolid, 1988) *y Análisis del discurso: Hacia una semiótica de la interacción textual* (en colaboración, Madrid, 1982).

sola manera: por intermedio de la imaginación". Pero precisando inmediatamente después que esa intermediación es operada por la escritura, por la obra literaria, que no es la traducción de ninguna realidad, sino que existe "a la manera de lo imaginario". Exquisita manera de señalar que todo discurso experiencial, desde el diario a la confesión, de la autobiografía a la confidencia, escapa a cualquier pretensión de transparencia, de inmediatez o de principio de realidad positivista. Y no porque alguna verdad prediscursiva y oriunda de la experiencia o de la "vida misma" quede suprimida por su puesta en discurso, sino justamente, al contrario: porque el discurso agrega su verdad imaginaria, el propio contenido en que ya consiste su forma más o menos preconstituida, a ese misterioso material en bruto de la experiencia vivida. O por formularlo con las palabras de Luis Cardoza y Aragón al comentar sus propias (anti) memorias, a las que tituló *El río. Novelas de caballería:* "He ido inventando una lengua para decir que nada inventa la imaginación: todo es verdad". O según afirmaría el poeta brasileño Manoel de Barros, como ajustando con otra vuelta de tuerca las palabras del escritor guatemalteco: "Todo lo que no invento, es falso".

En la comunicación y puesta en discurso de la experiencia nada hay de transcripción transparente, de activación hilemórfica de una materia primordial, de pasar a limpio el borrador de lo vivido. Y no porque lo vivido sea sin más "una ilusión, una sombra, una ficción", según lo definían los versos áureos de Calderón de la Barca en una época casi tan nihilista como la nuestra, sino porque lo vivido también reside –o quizá residía, en el pasado, nos corregiría Walter Benjamin– en la palabra, en el texto, en un particular modo de existencia discursiva. Y más específicamente en el modo narrativo, aquel que antaño había sustentado la facultad por entonces inalienable y segura de "intercambiar experiencias".

Decir que el paso de la experiencia a la comunicación no es una "transcripción transparente" equivale a afirmar que es una *traducción* en su sentido más exigente, en el sentido de una *producción* semiótica o de una *interpretación,* tal como se entiende en el pensamiento de Charles S. Peirce. Es bien sabido que el concepto de "interpretante" le sirvió al filósofo estadounidense para referirse a cualquier signo en tanto que, precisamente, operador de la mediación entre otros signos. En una carta a Lady Welby de 1906, Peirce adaptó ese concepto a un marco decididamente *comunicativo* del proceso semiótico: el "Interpretante comunicativo" supone un universo de experiencia y acción común donde se activa la *commens,* una especie de "mente fusionada" de los agentes comunicativos sin la cual no puede darse comunicación alguna y que aparece a la vez como presupuesto y como consecuencia de la propia actividad comunicativa, como precomprensión intersubjetiva y como lugar de objetivación de la multiplicidad de los diálogos sociales. Con su noción de mente común, Peirce aludía a un *universo de sentido compartido* afín a concepciones teóricas que se desarrollarían más de medio siglo después, como el "universo simbólico" de Berger y Luckmann o el "orden simbólico consumado" descrito por Bourdieu. Y en este libro, Carlos Mendonça valora muy acertadamente el papel que los "sistemas simbólicos" juegan en la mediación de la experiencia. Pues, a no dudar, posibilitan que esta pueda o no ser comunicada, y por medio de qué agentes y con qué procedimientos y recursos materiales, técnicos y semióticos.

En un sentido complementario al de la interpretación entendida como semiosis peirceana, Bruno Leal nos recuerda, en relación con los enfoques de Louis Quéré, que, para subjetivarse, para "hacerse mía", la experiencia necesita acciones de interpretación y de apropiación retrospectivas en contextos de interacción social, y que en esa medida puede considerarse como "impersonal". Ya John Dewey entendía que la experiencia es procesal, transaccional, socialmente mediada y no prefigurada categóricamente como racional o emocional, según explica David Hildebrand. Y que para pasar de ser simplemente "sentida" o "tenida" *("felt" or "had")* a "conocida" requiere de una mediación por reflexión, intencional y selectiva, que abstrae determinadas relaciones o conexiones.

La subjetivación de la experiencia, el apropiársela, y la objetivación, el conocerla y representarla como tal experiencia, no me parecen actividades contradictorias ni tampoco fácilmente diferenciables, sino más bien entretejidas en el transcurso de su construcción, independientemente del grado en que esta llegue a consumarse. Este estatuto aparentemente paradójico, ni estrictamente subjetivo ni por completo objetivo, es el mismo que se verifica en toda actividad productora del "sentido", que en virtud de su carácter fenomenológicamente trascendental respecto a cualesquiera acontecimientos de "significación" resulta inobjetivable e inobjetable, pues el sentido es inherente a cualquier procedimiento posible de significación, de objetivación y de objeción. Como escribió Wittgenstein, nada es posible antes de la distinción entre sentido y no-sentido, y tampoco es posible fundamentarla. Y por algo la noción de sentido, y más aún la de "producción de sentido", son contiguas cuando no indistinguibles, sinónimas, a la de "experiencia" en la mayoría de las aserciones en las que, por lo general de forma narrativa, tratamos de expresar ante otros, es decir de *comunicar,* lo que vivimos, pensamos y sentimos. El dar sentido y el apropiarse reflexivamente la experiencia como finalmente las únicas expresiones veraces de, e identificables con, la experiencia misma, se reconocen en textos clásicos como el relato de Montaigne cuando narra su recuperación de la (hoy se diría "traumática") caída de caballo que sufrió, o el de Rousseau sobre el modo en que, con no menor conmoción, fue derribado por un enorme gran danés, pero con horizontes o puntos de fuga bien diferenciados que Giorgio Agamben rastrea en las respectivas situaciones y que podríamos considerar el "sentido" atribuido por sus narradores a cada una de las experiencias: la anticipación de la muerte, en la primera, y la evocación del nacimiento, en la segunda. ¿Sería acertado hablar de experiencias muy similares a las que la interpretación de los sujetos otorga sentidos diferentes, o más bien, como creemos, de dos experiencias diversas e inconmensurables, principalmente por las distintas atribuciones de sentido y las elaboraciones discursivas en que al fin se han venido a modelar y comunicar, conforme a esa particular correspondencia entre subjetividad y objetivación? Precisamente, es su *irrepetibilidad* la propiedad que mejor diferencia la experiencia cotidiana del experimento científico, que enseguida mencionaremos. Y la que saca a la luz un tercer término, lo *singular,* para referirse al modo en que cada sujeto hace suya una experiencia que es a la vez colectiva e individual, como ha señalado Mª José Sánchez Leyva.

Agamben bosqueja una idea complementaria a la de la impersonalidad de la experiencia desde un ángulo teórico distinto del que adoptan Quéré y los pragmatistas: el desplazamiento que supone la noción de "inconsciente", desde sus antecedentes en la filosofía alemana hasta la explícita teorización del psicoanálisis, o desde el *yo* cartesiano al *ello* (*das Es*) freudiano, revelará que las experiencias más importantes no le pertenecen ya al sujeto racional destilado por la filosofía clásica, sino a esa instancia tercera, el ello, y que en esa medida no son ya "experiencia subjetiva" en el sentido de la tradición filosófica occidental y carecen de la garantía de una autoconciencia que aún fundamentaba la epistemología de Kant y de Hegel.

Para Agamben, la experiencia es algo que solo se puede *hacer,* nunca *tener,* y, por tanto, no hay ninguna posibilidad de reapropiación más allá de un asintótico, siempre activo y por ende infinitamente aplazado, proceso del conocimiento. "Don Quijote, el viejo sujeto de conocimiento, ha sido encantado y solo puede hacer experiencia sin tenerla nunca. A su lado Sancho Panza, el viejo sujeto de la experiencia, solo puede tener experiencia, sin hacerla nunca" –ejemplifica el filósofo italiano–. Que sólo se pueda hacer, pero nunca tener del todo, la trágica experiencia de Don Quijote definiría en fin la condición misma de la experiencia moderna, incluso después de que el viejo sujeto del conocimiento que el hidalgo manchego representaba fuera barrido de la tierra por el aleteo implacable del ángel de la historia. La experiencia ya nunca podrá ser dada como totalidad, afirma Agamben, sino como una "espuma del infinito", según la imagen de Schiller que Hegel hizo suya, y que extiende, más allá del propio marco epistémico, el proceso asintótico del conocimiento al que aludiera Kant.

Si "experiencia compartida" es un pleonasmo, podemos afirmar también que todo proceso de comunicación y de conocimiento presupone una comunidad, presente o ausente, práctica o hermenéutica, efectiva o imaginaria, y podemos recordar que, al menos a los efectos de un punto de fuga ético y político para los problemas que en este libro se suscitan, Peirce propuso una especie de ideal regulativo para la comunicación de la experiencia epistémica con su idea de la *community of investigators,* un sujeto colectivo de la búsqueda de la verdad "sin límites definidos y susceptible de un aumento indefinido de conocimiento".

La comunidad abierta de investigadores que Peirce reclamaba y que vuelve a invocar en estas páginas Clotilde Pérez, no es gremialista ni corporativa, nada tiene que ver con perfiles o escalafones profesionales, con sistemas expertos o con grupos institucionalmente especializados y culturalmente definidos. La comunidad ilimitada "debe extenderse a todas las razas de seres con las que podemos entrar en una relación intelectual mediata o inmediata", escribió el filósofo de Massachussets. Esta demanda ha de ponerse a la luz de su concepción de la lógica como antagónica al egoísmo y "arraigada en el principio social", muy consistente con la prelación de la dimensión ética de la semiosis (la segundidad) sobre la epistemológica (la terceridad). Y también con su doctrina del "agapismo", uno de esos neologismos algo extravagantes de Peirce, con la que trataba de recuperar el ideal greco-cristiano del *ágape* como amor altruista y siempre atento a los demás. En términos del propio Peirce, el agapismo se refiere a un avance hacia el otro dirigido por "amor creativo", o "simpatía positiva", que brota de la "continuidad de la mente". Me temo que hoy se simplifican y pervierten esta clase de actitudes, reduciéndolas a una "empatía" bobalicona, a un altruismo acívico y condescendiente o a las técnicas de *coaching.* Peirce, según Houser y Kloesel, dos de sus editores, defendía con el nombre de agapismo la tesis de que el amor o la simpatía ejercen una influencia real en el mundo y constituyen "el gran agente evolutivo en el universo". Algo muy relevante en una época, la nuestra, en que el odio, la antipatía y la violencia simbólica movilizados en tantos discursos públicos del mundo entero suscitan toda clase de involuciones políticas y morales y las más abominables expresiones de violencia física, de discriminación y de desprecio de los otros. El agapismo peirceano, como antídoto intelectual y moral, propone ideales de comunicación igualitaria y democrática, más allá de las ya cansinas monsergas del multiculturalismo.

Cabe detenerse un momento en la que hemos llamado "experiencia epistémica", precisamente para rebatir el carácter demasiado limitante que se ha dado a la extensión de "experiencia" cuando se ha restringido a lo empírico, lo supuestamente obtenido por los sentidos y las percepciones, dejando de lado las fantasías, la superstición, el ensueño o la alucinación. Ángel Díaz de Rada explica que para el pensamiento racionalista es posible trazar una línea divisoria entre uno y otro ámbito y obtener como resultado un dualismo experiencial. En este escenario epistémico se fraguó el concepto de *experimento*, la propia concepción experimental de la ciencia, en los inicios de la era moderna –de cuya aparición y significado, a la luz de la mirada de Peirce, se ocupa también Clotilde Pérez–. Un experimento, explica Díaz de Rada, es un "dispositivo preventivo que al clausurar el conjunto de condiciones que deben anticiparse para producir una experiencia bien entendida anticipa también los materiales empíricos que producidos solo bajo esas condiciones cobran una auténtica naturaleza como tales". Pero si somos gradualistas, es decir, si pensamos que nuestras experiencias justifican las creencias sobre el mundo exterior en diversos grados, y no de forma binaria, hemos de concluir, como hace Díaz de Rada, "que constantemente determinados materiales empíricos abren nuevos caminos exploratorios que hemos de imaginar y que en no pocas ocasiones alucinamos. Dejar abierta la posibilidad de esos efectos, por decirlo con ironía, psicotrópicos, es el único medio para producir transformaciones en nuestro dispositivo subjetivo preparándonos para asumir que esas transformaciones producirán nuevas modalidades de lo que hemos de tomar por real".

Me he permitido esta larga cita para justificar la concepción de la experiencia como una "producción mental en su totalidad" que incluye ya de una nueva forma, y no solo, la "imaginación" que demandaba de Beauvoir, y que por ser tan inclusiva deviene "el elemento forzoso en la historia de nuestras vidas", según propuso Peirce. Y que es por ende el "proceso por el cual se construye la subjetividad de todos los seres sociales", según Teresa de Lauretis, quien en su memorable *Alicia ya no* asignaba una centralidad ineludible al concepto de experiencia para la teoría y la política feministas, entendiéndola como el "complejo de hábitos" –y aquí resuena nuevamente la voz de Peirce– que resultan "de la interacción semiótica del 'mundo exterior' y del 'mundo interior', engranaje continuo del yo o sujeto en la realidad social".

Al adoptar una noción no empirista a la vez que no racionalista de la experiencia, una concepción que no restrinja su racionalidad al monocultivo cientificista y eurocéntrico de la razón ilustrada, los estudios de comunicación pueden abrir la puerta más holgadamente a una historicidad puesta en suspenso por las exigencias de la ciencia moderna, como Bruno Leal recuerda en sus comentarios a Gadamer. Una historicidad que no puede entenderse, claro está, desde una visión lineal de la historia, sino como resultado del entrecruzamiento y superposición de tiempos históricos y estratificaciones culturales, anacronismo activo y "contemporaneidad de lo no contemporáneo", en el sentido de Ernst Bloch y de Aby Warburg, una historicidad plurívoca y heterogénea que evocan en este mismo volumen Márcio Gonçalves y Ângela Marques en su crítica de la "univocidad de la experiencia", al trazar una lúcida presentación de los bricolajes emancipatorios analizados por Jacques Rancière.

La plurivocidad puede dar cuenta de la contaminación (la expresión "síntesis" es demasiado fuerte, es decir, demasiado fuertemente hegeliana) de dominios ontológicamente separados, pero existencialmente entrelazados, como actividad y pasividad, hechos y ficciones, hábitos socioculturales e irrupciones de lo imprevisto, ensueño y vigilia, razonamiento y divagación. La experiencia cognitiva y cultural contemporánea está inexorablemente entretejida de las ficciones literarias y sobre todo de los relatos audiovisuales, como recuerda una dramática anécdota narrada por el neuropsiquiatra Boris Cyrulnik: siendo un niño judío logró escapar de la Gestapo, corriendo escaleras abajo por una gran escalinata hasta alcanzar una camioneta de heridos en la que pudo esconderse. Muchos años después visitó el lugar de los hechos y pudo verificar que tal escalinata no existía: se trataba de las escaleras de Odessa de *El acorazado Potemkin,* el filme de Eisenstein que había visto en su infancia y que su memoria había incrustado, había hecho "converger", según sus propias palabras, en la reminiscencia de aquella situación realmente vivida. "Unimos segmentos de verdad –apostilla Cyrulnik– que agenciamos para crear una representación. Una sola, y todo es cierto".

La posición de "crítica del racionalismo puro", si se me permite una paráfrasis de dudoso gusto al título del gran tratado kantiano, y que a mi parecer impregna las posiciones epistemológicas del conjunto de los textos que componen este libro, no rechaza la razón en general, sino, como vengo insistiendo, el que su ejercicio haya de excluir el sentir, el presentir, el imaginar y hasta el fantasear. Itania Gomes señala que la experiencia no es algo aparte del pensamiento, sino articulación entre sentir, pensar y hacer. Esa articulación, supuesta entre otras en la noción de "estructura de sentimiento" de Raymond Williams, recuerda también la "unidad de alma, ojo y mano" de Paul Valéry, evocada a su vez por Walter Benjamin al caracterizar, en las páginas finales de *El narrador,* la integración orgánica de la experiencia artesanal, rota y proscrita por el capitalismo. La autora, heredera de esa tradición crítica del pensamiento sobre la experiencia, señala con acierto que en la contemporaneidad las condiciones concretas de la experiencia son a la vez "lugares de conocimiento y de lucha política".

La reivindicación del sentido político de la experiencia encuentra un antecedente fundamental en Benjamin. El pensador alemán indagó en su arqueología de la modernidad la tensión dialéctica entre una *Erfahrung,* experiencia acumulativa, arraigada en la memoria, la tradición y la vida comunitaria, y las expresiones específicamente modernas de la *Erlebnis,* vivencias efímeras, carentes de espíritu y regidas por el *shock*, la hiperestesia y el entumecimiento sensorial. Señaló, por ende, una dicotomía entre los regímenes discursivos propios de cada una de esas modalidades experienciales: la primera, sustentada por la narración oral y por sus resonancias más o menos mortecinas en la literatura; la segunda, por el moderno discurso de la información, por las nuevas tecnoestéticas de la vanguardia, del cine y del entretenimiento masivo, y más en general por las prácticas de la vida urbana. En el caso de esta dicotomía, como en la que paralelamente reconoció que enfrentaba la experiencia del arte aurático de la tradición con el arte posaurático vehiculado por los modernos medios tecnológicos, Benjamin exploraba la encrucijada con que el desarrollo del capitalismo acuciaba a la política revolucionaria en lo referente a las prácticas artísticas y culturales y a la praxis de la vida cotidiana.

Pero esos dilemas apremian también a nuestras decisiones y disposiciones contemporáneas en todos los ámbitos de la vida: en las formas de socialidad y de organización política, en la educación, en el recurso a los entornos sociotécnicos de la comunicación (por ejemplo, respecto a las funciones y efectos de las redes sociales), en las delimitaciones de lo público, lo privado y lo íntimo, etc. En un texto relativo al uso de la experiencia por parte de los historiadores, Joan W. Scott prevenía recientemente sobre la naturaleza inexorablemente discursiva de la "experiencia" y sobre las alternativas políticas que ha de enfrentar su construcción. La experiencia es siempre una interpretación y requiere una interpretación: "lo que cuenta como experiencia no es ni evidente ni claro y directo: está siempre en disputa, y por lo tanto siempre es político". Los historiadores, prosigue Scott [y el consejo podría extrapolarse a periodistas, profesionales y estudiosas/os de la comunicación en general] han de tener como proyecto "no la reproducción y transmisión del conocimiento al que se dice que se llegó a través de la experiencia, sino el análisis de la producción de ese conocimiento mismo". Porque la experiencia no es el origen de nuestras explicaciones, sino precisamente aquello que hemos de explicar.

Aunque no explique gran cosa, la etimología, antes que restituir la improbable vigencia de un núcleo arcaico de significación, nos permite conjeturar sentidos posibles de una experiencia siempre por construir, válidos por sus resonancias en el presente y en un futuro imaginable más que por sus evocaciones arqueológicas. Los intertextos etimológicos evocados por Carlos

Mendonça, a partir de Victor Turner, remiten a una concepción dinámica, según la cual en el proceso de la experiencia se dirimen no la recepción pasiva de estímulos o percepciones –si es tan siquiera concebible una percepción pasiva–, sino cambios de estado cognitivos, afectivos y existenciales en el más amplio sentido. "Experiencia" es familiar etimológico de *peritus:* hábil, experto, pues atañe desde antiguo a la adquisición de habilidades. También de *empírico,* y hasta tal punto que en muchos contextos de la historia de la filosofía la expresión "experiencia empírica" es un puro pleonasmo. Y aún más, de *periculum*: prueba, riesgo. El *Diccionario Etmológico* de Corominas y Pascual recuerda que el término *experientia* deriva de *experiri,* ensayar, experimentar. Y es pariente nada menos que de "pirata", derivado del griego *peirán,* de la misma raíz que *experiri,* intentar, aventurarse. La figura del pirata representa el arquetipo romántico del marino, a la vez experimentado, aventurero y desobediente. Y no podemos olvidar que el marinero, que viene de lejos en el espacio, junto al campesino, que procede de la lejanía temporal, ofrecen las tipificaciones antonomásticas de los sujetos a que Benjamin atribuía el arte de narrar y de transmitir la experiencia.

Pero este arquetipo se ofrece en personificaciones de todas las épocas y culturas: por ejemplo, Oshosi-Oxóssi el cazador del panteón yoruba-nagô evocado por Mendonça, un orisha que viaja fuera de su territorio originario y vuelve a comunicar sus experiencias. Pero también Gilgamesh, el más antiguo aventurero literario que conocemos. Y el más popular de sus arquetipos en la tradición occidental, Ulises, que retorna a casa *"plein d'usage et raison"* según el soneto de Du Bellay, o "enriquecido de cuanto ganó en el camino" en el poema *Itaca* de Cavafis. Y Asdiwal, el héroe del pueblo Tsimshian, de la costa pacífica de Canadá, que atraviesa en constante metamorfosis el mundo terrestre, el celeste y el marítimo, y cuyo mito fue analizado por Claude Lévi-Strauss en un artículo que forma parte del nuevo testamento estructuralista. Sin olvidar a Caperucita Roja, que se aventura en el bosque, el territorio salvaje y libidinal, para confrontar al reino animal no domesticado y a su propio incivilizado, aún indómito, psiquismo. Y tantas y tantos héroes universales del viaje, de la aventura, de la peripecia existencial que consiste en exponerse a los peligros de lo otro y al encuentro con el otro, en cuya alteridad habrán de hallarse precisamente las claves para el reconocimiento de su propia mismidad. Y para sobrevivir y saber contarlo.

No está de más advertir que mientras la idea de "experimento", en tanto que experiencia controlada, connota la subordinación a un fin, a un resultado, al logro de una verificación o falsación exitosa, "intentar" o "aventurarse", el significado común de los antiguos étimos de experiencia, pericia y piratería no presupone el de "lograr". Pues probablemente ninguna experiencia, en el sentido existencial del término, pueda dejar de ser al menos parcialmente fallida, como lo fue la búsqueda de la inmortalidad por Gilgamesh.

Este libro, como la experiencia misma, es aventurado, múltiple, recorre y anticipa caminos diversos, senderos que se bifurcan y horizontes inciertos como son siempre los de la existencia humana. Esa precaria existencia a la que la experiencia, en una de sus acepciones populares y más optimistas –a saber, el "conocimiento de la vida adquirido por las circunstancias o situaciones vividas", conforme a una acepción del *Diccionario de la Lengua Española*– hasta hace poco suministraba un argumento a la autoridad de las personas mayores y un antídoto contra la evidencia, hoy generalizada, de las inexorables devastaciones producidas por la prolongada senectud, por el productivismo a ultranza y por su coalición con la tiranía tecnológica. Pues en una época que combina de forma inmanejable la plaga de la demencia senil con los usos de la Inteligencia Artificial, ese honorable "conocimiento de la vida" pende de hilos más precarios que aquel que cortaban las antiguas Parcas. En su soberbio ensayo sobre *La Vejez*, Simone de Beauvoir muestra que la visión idealizada de una senectud enaltecida por el saber de la experiencia ha sido más bien minoritaria en la mayoría de las épocas y culturas. Si la burguesía decimonónica, interpreta de Beauvoir, festejó la supuesta experiencia adquirida de las personas mayores, es porque los burgueses rinden culto a la acumulación y por ende la simple acumulación de años engendra conocimiento. El descrédito de esa acepción de la experiencia, concluye la filósofa, se debe a que "la sociedad tecnocrática de hoy [los años sesenta del siglo pasado] no cree que con los años el saber se acumule, sino que caduca".

¿Qué decir hoy, cuando esa "sociedad tecnocrática" parece haber devenido un laboratorio de la mutación antropológica? Son muchas las inflexiones sociotécnicas que condicionan hoy las formas experienciales de la precomprensión y del saber socialmente útil y delimitan el alcance y el sentido de la cooperación y la solidaridad. Y muy grande el poder de los medios y los dispositivos de mediación que ejercen el control de la atención y del sensorio, la demarcación de lo público y lo privado, de "nosotros" y los "otros", la distribución de la visibilidad, el prestigio y la autoridad de los sujetos sociales. Ahormando en fin la experiencia misma del "compartir" y de lo "común" y su alcance ético y político. De algunas de esas inflexiones se ocupa Geane Alzamora, apuntando a un interesante desarrollo de la noción de "(des)información".

Bajo el neoliberalismo, un sentido de lo compartido cada vez más restringido y regido por las instituciones y las reglas del mercado se orienta al beneficio privado de tipo oligopolístico y adquiere una incontrovertibilidad proporcional al vigor de los lenguajes, hábitos, creencias y deseos que son administrados por las redes digitales y sus algoritmos. Si los límites de mi lenguaje son los de mi mundo, según el célebre aforismo wittgensteiniano, los límites de nuestra experiencia son hoy en día los de ese ecosistema económico, sociotécnico y sociosemiótico que condiciona todos los ámbitos de la interacción social, hasta los vínculos más íntimos con el propio cuerpo y con los cuerpos de otras personas. Hasta la negación misma del otro por medio de su robotización y su descorporeización, o de su estigmatización como abyecto. Un entorno que la ultraderecha trata de legitimar en cuanto espacio de una "libertad" tan eufórica como nihilista.

Irónicamente, una vez intervenida por la normatividad mercadotécnica y por el discurso publicitario, todo se vende como "experiencia", desde los automóviles hasta los viajes turísticos, desde las relaciones íntimas hasta la precariedad material. Para haber mutado en mercancía la experiencia ha tenido que ser fragmentada y trivializada, desarraigada de los tiempos y los espacios compartidos y eviscerada de su sentido social, a la vez de-sensibilizada, des-moralizada y des-memoriada.

Cuando hace un siglo Benjamin sostenía que la facultad de compartir experiencias nos estaba siendo retirada, no aludía tanto a una crisis de la percepción cuanto a la incapacidad de *articular* y de reapropiarse las vivencias hiperestésicas, fracturadas y vaciadas de memoria, como ha señalado Sánchez Leyva. La experiencia quedaba así inhabilitada para servir a la iniciativa colectiva o a la resistencia política.

Pero quizá la conjetura más sombría de Agamben, con la que se inicia su *Infancia e historia*, y que arraiga en el pensamiento de Benjamin, a saber, que "cualquier discurso sobre la experiencia debe partir de la constatación de que ya no es algo realizable" nos podría desafiar, intempestivamente, a luchar por rehabilitarla. Promoviendo condiciones de convivencia y de comunicación en que la normalidad de cada día pueda albergar el descubrimiento, la aventura, la insubordinación del pirata, la simpatía del agapismo, la intensificación de la vida que no es posible al margen de las vidas de los demás ni de nuestras constricciones inconscientes. Y que por ello tampoco puede ser enteramente libre ni siempre eufórica y gozosa. Porque la vida, como la historia, duele.

Hace más de cinco décadas que, en los umbrales de las revueltas mundiales de 1968, el hoy casi olvidado Ronald D. Laing, psiquiatra escocés antidisciplinario y pensador fervoroso de la resistencia al presente, a todos los presentes, invitaba al compromiso y la aventura de hacerse cargo del otro, porque cada persona "es la necesidad del otro". Y la tarea de la "fenomenología social" que propugnaba en *La política de la experiencia* consiste en "relacionar mi experiencia del comportamiento del otro con la experiencia que tiene el otro de mi comportamiento". Su estudio es la relación entre experiencia y experiencia: su verdadero campo es la *inter-experiencia*". Laing prevenía contra las formas de brutalidad, de barbarie y de alienación que en el presente siglo vuelven a alcanzar su más amenazante vigencia y advertía que "si nuestra experiencia está destruida, nuestro comportamiento será destructivo". Acaso la devastación de la experiencia, pero a la vez la incierta resistencia que la imaginación poética pueda oponerle, demarquen hoy nuestra experiencia posible.

Presentación

Bruno Leal y Carlos Mendonça

¿Qué es tomar la comunicación como experiencia? "Comunicación" es una expresión asociada, habitualmente, a interacciones y procesos de mediación. En torno a estos términos se ha erigido una vasta y potente bibliografía, que comprende inversiones teóricas de diversos matices e investigaciones sobre los más diferentes fenómenos y procesos. "Interacción" y "mediación" mantienen una íntima conexión con la "experiencia" que, en cambio, recibe menos atención por parte de las(los) investigadoras(es). Desde esta perspectiva, pensar la Comunicación a partir de la experiencia implica acercarse a relaciones aún imprecisas, que envuelven diferentes fenómenos y procesos que existen en la vida cotidiana y también los caminos, constructos teóricos, procedimientos operativos y aproximaciones empíricas que involucran la producción de conocimiento. Estas reflexiones pueden alcanzar dimensiones que articulan comunicación y experiencia, como tiempo, agencia, cuerpo y texto, que luego sirven como vectores para las inversiones teóricas y enfoques de aproximación a diferentes fenómenos.

Aunque pesen contribuciones importantes y bastante conocidas, como las de John Dewey, William James y Walter Benjamin, la experiencia parece permanecer como una especie de supuesto que permite alcanzar dimensiones o complementar relaciones que involucran interacción o mediación. En ciertos momentos, la experiencia es aprehendida desde alguna modalidad o aspecto suyo, como es el caso de las investigaciones en torno a la experiencia estética y a los afectos. Si tomamos como verdadera la premisa de que la experiencia organiza el mundo de la vida y, de esta manera, los procesos comunicacionales, es necesario reconocer otro contorno a esta noción, no restringido a un límite logocéntrico o vinculado solo a lo interactivo, sino también cercano a los cuerpos, a lo sensible y más allá de las aprehensiones en el lenguaje.

Esta compilación fue elaborada a partir de los debates que tuvieron lugar en el I Seminario de Teorías de la Comunicación y Experiencia, realizado los días 10 y 11 de noviembre del año 2022, en la Universidad Federal de Minas Gerais. Durante el evento, organizado por el "Núcleo de Estudos Tramas Comunicacionais: narrativas e experiência" y "Núcleo de Estudos em Estéticas do Performático e Experiência Comunicacional", las investigadoras e investigadores abordaron las implicaciones de la experiencia en los estudios en Comunicación teniendo como punto de partida sus investigaciones y trayectorias. El seminario contó con el apoyo del Programa de Posgrado en Comunicación Social de la UFMG, la Facultad de Filosofía y Ciencias Humanas - Fafich/UFMG, Capes y CNPq.

La propuesta de esta compilación tiene como objetivo tomar la experiencia como ancla teórica y metodológica para la aprehensión de los procesos comunicacionales. En otras palabras, significa pensar la comunicación a partir de la experiencia, así como reflejar los impactos de la experiencia en los procesos comunicacionales, además de la dimensión experiencial presente en estos fenómenos. Entendemos, como punto de partida, que "experiencia" es un término amplio, fluctuante, que abarca múltiples dimensiones y se extiende por diversos campos del conocimiento. En respeto a esta multiplicidad, este libro se propone estimular reflexiones sobre las articulaciones entre comunicación y experiencia y también sobre los modos de apropiación particulares por parte de las(los) investigadoras(es) que en él participan. Este movimiento lleva ciertamente a una discusión teórica sobre las conceptualizaciones que la experiencia recibe en diferentes pensamientos, tradicionales y contemporáneos. Esta recopilación de artículos implica también la reflexión a partir de los fenómenos particulares y las formas como diferentes investigadoras/es organizan sus investigaciones y sus enfoques empíricos.

En este sentido, el libro busca alcanzar diferentes modos de percibir la interlocución entre experiencia y Comunicación dentro de los límites de la investigación: (i) como un término que aprehende las formas como diferentes fenómenos y procesos existen en la vida cotidiana; (ii) de la experiencia investigativa, es decir, los caminos, constructos teóricos, procedimientos operacionales y aproximaciones empíricas que involucran la producción del conocimiento; (iii) la experiencia como una perspectiva que orienta, aunque implícitamente, los caminos emprendidos en la investigación. En todo momento, entendemos la comunicación y la experiencia como conceptos en permanente construcción, pues, a pesar de tener historicidades y estar alimentados por perspectivas teóricas variadas, ambos tienen sus contornos e implicaciones aún imprecisos.

Capítulo 1

Notas sobre comunicación, experiencia y sus implicaciones epistemológicas

Bruno Souza Leal
PPGCOM/UFMG
Beca de Productividad CNPq

¿Qué implica pensar la comunicación desde la experiencia? La pregunta, de formulación sencilla, tiene implicaciones diversas y se refiere tanto a los modos como se producen los fenómenos y procesos comunicacionales como a los aspectos epistémicos y metodológicos presentes en su investigación y en la reflexión sobre ellos. En este amplio espectro de caminos, no podemos dejar de observar, al menos, que existe una íntima conexión entre los dos términos, "comunicación" y "experiencia", que es a la vez desafiante y controvertida. En este texto, busco delinear algunos aspectos de esta relación íntima, más con el propósito de darles una forma, sin duda precaria, que para elucidarlos. Algunas perspectivas de esta articulación se delinearán al final del recorrido, nuevamente en líneas generales, teniendo como horizonte los interrogantes que la experiencia plantea a la calidad del conocimiento que se produce, académicamente, sobre los fenómenos y procesos de la Comunicación.

En este recorrido, tres movimientos son necesarios: a) una incursión en la "experiencia", como noción y como modo de conocimiento; b) la revisión de un debate, en torno a la impersonalidad de la experiencia; c) la aproximación al estudio de la experiencia en su carácter indiciario y su relación con singularidades y generalizaciones. Tales movimientos esbozan articulaciones y dimensiones, que, como he dicho, antes apuntan a manifestar un conjunto de problemas que a elucidarlos. En lo que se refiere a la "experiencia" como fenómeno y forma de conocimiento, es necesario observar especialmente, por un lado, la importancia del término para las reflexiones sobre la historia y la conciencia historia, y, por otro, su vitalidad en el contexto de la filosofía pragmática estadounidense.

1. Experiencia y conocimiento

En un momento dado de su obra clásica, *Verdade e Método*, Hans-Georg Gadamer diserta sobre la experiencia y desarrolla algunas observaciones que se consideran seminales. Identifica, en el edificio de la filosofía occidental, un proceso de "mutilación" de la experiencia, sometida a esquematizaciones que favorecen a la ciencia (clásica o moderna). Así, la experiencia sería o desvalorizada o incluso pasada por alto, ya sea como tema de estudio o como forma de conocimiento. Según Gadamer (2003, p. 454), "[el] objetivo de la ciencia es hacer que la experiencia sea tan objetiva como para anular en ella cualquier elemento histórico". La objetividad del conocimiento científico moderno, observa Gadamer, entiende que la experiencia solo tiene validez si puede ser repetida por cualquier persona, algo que, como se sabe, está garantizado por el método. Así, dice que, para la tradición filosófica occidental, en especial para la ciencia moderna, la experiencia tiene su "dignidad" cuando puede ser reproducida por cualquiera, lo que implica entonces "suspenderla" de la historia. Al final, eso es lo mismo que extinguirla.

Para el filósofo alemán, la experiencia se considera, entonces, en el mejor de los casos, como la "materia prima" a partir de la cual la ciencia desarrolla sus procedimientos con vistas a la producción de un conocimiento universal y, por tanto, más allá de la historia, de la contingencia y de la personalidad. Como observa Joan-Carles Mèlich, en diálogo directo con Gadamer, la ciencia y la filosofía occidentales toman la experiencia a lo sumo como un momento inicial de la investigación. Una vez que se considera que alberga conocimientos de calidad inferior, debe convertirse en experimento, es decir, sometida a control, hacerse reproducible e impersonal. Así, para Mèlich (2011, p. 62), "Mientras que en la experiencia se da la sorpresa y la novedad, se da la imprevis ibilidad, en el experimento estas características son vistas negativamente. En el experimento se busca la confi rmación, mientras que en la experiencia se busca la aventura".

Es importante destacar que la transformación de la experiencia en experimento científico está anclada también en la teoría, que precede, justifica y da sentido a los protocolos y opciones metodológicas. En este sentido, Ilya Prigogine e Isabelle Stengers (2002) recuperan, brevemente, una frase de 1894 del químico alemán Justus von Liebig que explica la relación entre experiencia y confirmación teórica. Según Prigogine y Stengers, von Liebig fue uno de los "inventores de la práctica de la ciencia normal" y para él, "[u]na experiencia que no esté unida de antemano a una teoría, es decir, a una idea, se parece tanto a una verdadera investigación como el ruido de una *matraca* infantil se parece a música" (von Liebig, 1894 apud Prigogine; Stengers, 2002, p. 144). Así, la experiencia es "adoptada" por el conocimiento científico cuando se muestra "adecuada" a ciertos propósitos teóricos que, a su vez, orientan la opción por el método que sustentan, por tanto, el experimento a ser construido.

Para Gadamer, los fundamentos clásicos de esta descalificación de la experiencia por la ciencia moderna europea se encuentran en Aristóteles, entre otros pensadores clásicos. Según él, "[lo] que interesa a Aristóteles en la experiencia es únicamente su contribución para la formación de los conceptos" (Gadamer, 2003, p. 461). Tomando como referencia al filósofo griego y a otros, más modernos, como Bacon y Hegel, Gadamer nos lleva a concluir que es la búsqueda de un conocimiento universal, ahistórico, "trascendental", lo que hace que la experiencia quede relegada a un segundo plano o componente para la construcción de "experimentos". Estos, organizados para producir verdades incuestionables, se basan en procedimientos eminentemente "racionales" y se desarrollan en espacios y condiciones tecnológicas específicas que buscan purificar la experiencia de sus elementos históricos, personales y singulares. Es decir, hacen que la experiencia se disuelva como tal.

Sin embargo, observa Gadamer (2003, p. 461), "[c]uando se considera la experiencia desde la perspectiva de su resultado, se pasa por alto el verdadero proceso de la experiencia". Después de todo, la validez del conocimiento producido en la experiencia no permite, como observa Gadamer, el conocimiento anticipado de cómo serán las cosas, pues no se puede conocer la experiencia en una "universalidad previa". Al ser contingente, toda y cualquier experiencia está fundamentalmente abierta a otras experiencias, pues en ellas se "desdobla", en ellas resulta. En otras palabras, una experiencia continúa confirmándose o no, en otra experiencia. Para el filósofo alemán, se encuentra en Esquilo la fórmula fundamental de la experiencia: "aprender es sufrir". Es decir, por tanto, que la experiencia nos exige discernimiento y autoconocimiento, ya que "[lo] que el hombre debe aprender por sufrir no es esto o aquello. Necesita percibir los límites del ser humano, alcanzar el discernimiento de que las barreras que nos separan de lo divino no pueden ser superadas" (Gadamer, 2003, p. 466). Sintéticamente: "[e]xperiencia es, por consiguiente, una experiencia de la finitud humana" (Gadamer, 2003, p. 466).

En la lectura de Mèlich, la "finitud" no se refiere a la conciencia de la muerte, sino a la propia condición humana de ser viviente. Dice:

> Somos finitos porque vivimos y, por lo tanto, porque nacemos y heredamos, porque somos el resultado del azar y de la contingencia, porque no tenemos más remedio que elegir en medio de una terrible y dolorosa incertidumbre, porque somos más lo que nos sucede (los acontecimientos) que lo que hacemos, proyectamos o programamos, porque vivimos siempre en despedida, porque no podemos someter a control nuestros deseos, nuestros recuerdos y nuestros olvidos, porque tarde o temprano nos damos cuenta de que lo más importante escapa a los límites del lenguaje (Mèlich, 2011, pp. 15-16).

En la imagen diseñada por Mèlich, se tiene la experiencia humana al mismo tiempo situada y condicionada social e históricamente, es decir, contingente, circunstancial y también abierta, albergando iniciativa y novedad. En este sentido, llama la atención la mención al azar y a la incertidumbre, es decir, a aquello que escapa y/o limita la comprensión y la razón humana. La finitud explica que cuando una persona nace no significa un nuevo instituir de la condición humana. Al nacer, una persona ya encuentra relaciones, realidades, mundos existentes y tiene que existir a partir de las reglas –de la gramática, en términos de Mèlich– heredadas. Los diferentes mundos humanos tienen sus historias, sus razones de ser, sus valores, sus vocabularios, sus sintaxis, que aún están en proceso, inacabados, produciéndose históricamente. Sin embargo, nos ubican, estableciendo las condiciones para que entendamos a nosotros mismos, a los demás y para que actuemos. Al nacer se nos dice tanto quiénes somos como quiénes no somos y la vida de una persona se revela ser, lo que hace con lo que le sucede.

Desde esta perspectiva, nadie puede privarse de la experiencia: nos sucede, nos hace sufrir y actuar; es, por decirlo así, la condición misma de la existencia de cada persona y de la especie humana. Se trata. pues, de considerar, por un lado, que según Mèlich,

> [...] no hay nada absoluto en la vida humana, que siempre estamos en camino, en *trayecto*, que toda razón (también la práctica) es una razón impura, anclada en la historia, en la experiencia de cada uno, en una gramática. No hay punto cero. La idea según la cual podríamos liberarnos de la tradición, de la cultura, de la lengua materna, de los prejuicios, es un (mal) sueño. Sería como suponer que hay ser humano más allá del tiempo y del espacio, y eso es imposible, pues no hay ninguna certeza atemporal (Mèlich, 2011, p. 66, cursiva en original).

Queda más nítida, entonces, la dificultad de absorber la experiencia en el contexto del conocimiento científico moderno occidental. Después de todo, como Gadamer (2003) explica, "[la] verdadera experiencia es, pues, la experiencia de la propia historicidad". Es decir, hoy, más de 60 años después de

Verdade e método, la experiencia nos hace observar no solo los límites de nuestra agencia, de nuestra voluntad de conocimiento y de poder, sino que nos obliga a reconocer que "[...] toda expectativa y toda planificación de los seres finitos es, a su vez, finita y limitada" (Gadamer, 2003, p. 467). A gran distancia de un conocimiento que aspira a ser universal, impersonal y sin fronteras culturales, la experiencia explicita la imposibilidad de dejar el terreno de lo humano hacia una verdad absoluta o trascendental. Para Mèlich, la íntima relación entre vida y experiencia alberga la tensión entre contingencia y novedad y nos lleva a observar algo aparentemente sorprendente: "La experiencia no es ni lo que hacemos ni lo que nos hace, sino *lo que nos deshace*" (Mèlich, 2011, p. 67, cursivas en original).

Surgen entonces, a partir de Mèlich, dimensiones importantes de la idea de "contingencia", que se refieren, por un lado, al rechazo de todo elemento de "absoluto", de "dogmatismo" –y, por tanto, de ahistórico– en la vida y en la experiencia humana; y también, por otro lado, a las circunstancias que estimulan, albergan y sitúan nuestra capacidad de actuar, de transgredir, de transformarnos (y así deshacernos). Así, la finitud y la contingencia exponen lo que no se nos da a alcanzar, nuestra vulnerabilidad, nuestra fragilidad y también nuestra potencia de vivir y actuar. Esto quiere decir, al final, que "[n]unca hay nada –ninguna afirmación, ninguna teoría, ningún principio, ningún valor…– que esté libre de contexto [...] *no hay texto sin contexto*" (Mèlich, 2011, p. 67, cursivas en original). Para Mèlich, la experiencia es eminentemente impura, ya que alberga relaciones múltiples, no siempre convergentes, históricamente situadas. En la experiencia, se presentan dimensiones sensibles, afectivas, políticas, epistémicas, culturales y sociales, así como coordenadas de tiempo y espacio que están necesariamente contextualizadas, es decir, cuya configuración es localizada y circunstancial.

Hay, por tanto, una "personalidad" fundamental a la experiencia, que, sin embargo, no se confunde con un psicologismo ingenuo. Si la experiencia, como dice Mèlich, es lo que nos deshace, es la condición misma para que cada persona aprehenda, busque, descubra y/o se reconozca a sí misma para que se desplace y se transforme. Desde esta perspectiva, cuando una persona "tiene" una experiencia está inmersa en relaciones que la envuelven y sobre las cuales su control e incluso su conocimiento son parciales. "Tener" una experiencia, al estar en medio de relaciones multidimensionales en curso, se articula entonces a la voluntad y capacidad humana de actuar y producir sentido a lo que sucede. Este sentido puede ser satisfactorio o no, puede pacificar e incluso relegar la experiencia al olvido y a la indiferencia. La "posesión" de la experiencia, en todos los casos, es siempre algo provisional, más o menos fugaz, y se da en el ámbito y en los límites de la finitud y del conocimiento humano. No es casualidad que tanto Gadamer como Mèlich observan que decir una "persona experimentada" no es hablar de alguien que sabe "todo" o las cosas de antemano, es decir, que posee un conocimiento de carácter esencial que controla anticipadamente lo que va a suceder. En la dirección opuesta, una persona experimentada es quien tiene discernimiento y perspicacia suficiente para mantenerse abierta y conducirse en medio de nuevas experiencias. Así dice Mèlich:

> La experiencia es una verdadera fuente de aprendizaje de la vida que no nos permite solucionar problemas sino *encararlos*. Nos da un *saber singular* que nadie puede vivir por nosotros, un modo de resituarnos ante un problema, pero jamás nos ofrece una solución (al menos una solución defi nitiva). Cuando uno habla de «tener experiencia» no puede querer decir de ninguna de las maneras que posee la clave para resolver las cuestiones que le asaltan en su vida cotidiana. (Mèlich, 2011, p. 68, cursivas en el original).

Inmersa en las experiencias, cada persona se conduce, actúa, como dice Gadamer, con más o menos capacidad –adquirida– de discernimiento. Si este entendimiento retira el protagonismo de la experiencia de la conciencia de una persona –que, así, "se hace" y "se deshace" con lo que sucede–, aún parece dimensionar las relaciones a un individuo. Sin duda, el carácter singular de la experiencia, como señala Mèlich, está vinculado al hecho de darse con tal o cual persona, en tal momento, en tal lugar, en tales condiciones y que implica tales y cuales procedimientos y dinámicas. En este sentido, el aspecto psicológico de la experiencia se da a medida que esa persona se ve afectada por lo que sucede e interpreta a sí misma y al contexto, a medida que actúa, mientras vive. Sin embargo, por otro lado, esta singularidad, esta personalidad no está desconectada de las relaciones sociales más amplias, también históricamente situadas. Como observa David Carr (2021), en sus reflexiones sobre la experiencia y la historia elaboradas en diálogo con la filosofía alemana, la primera persona de la experiencia es necesariamente una "primera persona del plural". Según Carr,

> [la] identidad del sujeto de la experiencia no es un dato, sino que se constituye a lo largo del tiempo como una especie de proyecto y yo me identifico a mí mismo en relación a los demás. Generalmente se entiende que adquiero mi identidad en oposición a los otros, pero también es cierto que alguien reconoce su identidad cuando se une a otros (Carr, 2021, p. 160, traducción propia del original en inglés).

Al introducir "identidad" en la composición de la experiencia, Carr, por un lado, nos recuerda que las experiencias no surgen en un vacío o en "contextos inaugurales". Llegamos a una experiencia con equipaje (herencia, como dice Mèlich), con identidad, con pertenencias y con circunstancias histórico-sociales en curso. Esto no quiere decir, por otro lado, que tal identidad sea única, un dato estable o esencial; es una relación, como destaca Carr, lo que implica identificaciones y desidentificaciones. Por último, pero no menos importante, las identidades que una persona toma para sí misma, que reconoce como suyas (no importa si de forma voluntaria o forzada), hacen ver pertenencias y compartimientos y también rechazos y distanciamientos. En este sentido, la singularidad e incluso la personalidad de la experiencia no hacen que se reduzca a algo insular o cerrado en sí. Si toda experiencia se sitúa contextual e históricamente, inevitablemente tiene dimensiones y aspectos colectivos y culturales.

2. Experiencia e (im)personalidad

En otra clave teórica, Louis Quéré a su vez parece estar en línea con parte de las percepciones sobre la experiencia revisitadas hasta el momento y da un paso más allá en la relación entre experiencia y personalidad. Quéré parece estar de acuerdo con los entendimientos que consideran no solo la "impureza" de la experiencia, sino su carácter procesal, su desdoblamiento en otras experiencias y, especialmente, con la idea de que la experiencia es lo que nos "deshace", ya que actuamos y nos transformamos a medida que las vivimos. Quéré, sin embargo, desarrolla un significativo esfuerzo para rechazar un anclaje "psicológico subjetivista" a la experiencia y esto, para el sociólogo francés, hace esencial considerar el "carácter impersonal de la experiencia". Recuperando la expresión "tener una experiencia" de John Dewey (1958, 1980), Quéré observa que el verbo "tener" sugiere que esté asociada a un sujeto. Sin embargo, observa, hay que evitar la "rápida" atribución de la experiencia a un sujeto, pues "[...] la experiencia precede y crea la posibilidad de distinguir el sujeto y el objeto" (Quéré, 2010, p. 19). Y continúa:

> La experiencia es impersonal y objetiva, por tanto, no subjetiva, y su personalización y subjetivación ocurren a través de una apropiación: el proceso impersonal que es la experiencia se convierte en "mi" experiencia por una interpretación o un acto retrospectivo de apropiación, generalmente en el contexto de interacciones sociales en las que se plantea la posibilidad de reivindicar o atribuir una responsabilidad (Quéré, 2010, p. 19).

Los procesos de apropiación, que hacen que la experiencia se vuelva "mía" (o "nuestra", es importante destacar), se insertan en las dinámicas experienciales, siendo parte del modo como son vividas. Pero si Quéré efectivamente rechaza la posesión y el control de la experiencia por las personas, no desestima, sin embargo, las agencias y conductas. Para el sociólogo francés, como para Dewey, la agencia humana es un elemento, es un factor de la experiencia que no puede ser ni descuidado ni sobrevalorado. Hay un pasaje importante, entonces: de "tener una experiencia" a "la experiencia se tiene". Este pasaje se convierte en una estrategia para destacar que el protagonismo de este o aquel individuo en una determinada experiencia es más bien el resultado de un modo de comprenderla que un supuesto absoluto.

Para Dewey, así como para William James (2017), la experiencia abarca las interacciones entre un organismo y el ambiente, las condiciones circundantes. En este sentido, la vida humana es por sí misma plena experiencia. Con esto, la experiencia abriga interactividad (entre los diferentes agentes involucrados en ella) y también pasividad, es decir, la condición de ser afectado por los demás interactores. Una experiencia es, por tanto, en gran medida "incontrolable" y las acciones de las personas que la viven van en la dirección de interpretarla, darle sentido, estabilizarla. Quéré enfatiza que, en la visión pragmatista, la experiencia es un proceso en abierto, que demanda una conducción por parte de los agentes involucrados en ella y también alguna forma de organización de lo que sucede. La cognición, entendida como una investigación, es una dimensión de este proceso. "Es por esto", dice Quéré (2010, p. 34), "que la interacción activa con el ambiente, la emoción y la producción de sentidos están íntimamente mezcladas en la experiencia". Si la actividad "da su ritmo" a la experiencia, la pasividad, la circunstancia de ser afectado, explicita dimensiones sensibles y emocionales. Estas, a su vez, "reconectan" los elementos de la serie procesal y les dan una directriz. El conducirse en la experiencia, que en Gadamer exigía discernimiento y perspicacia, revela aquí una dimensión sensible, autorreflexiva e interconectada no solo a la agencia, sino también al padecer, al ser afectado, al sufrir la acción y a la presencia de otros. Se puede decir, entonces, que "en el límite",

> [...] los resultados y consecuencias de nuestras acciones son cosas producidas por el ambiente a través de sus estructuras orgánicas, las disposiciones adquiridas, los hábitos, el savoir-faire que son nuestros, así como a la inversa. [....] Además, el ambiente no es solo cooperativo: también es lo que objeta y resiste, lo que frena e impide, lo que bloquea y lo que se opone, lo que suscita tensiones y conflictos" (Quéré, 2010, p. 33).

La agencia humana es, por tanto, un factor entre otros en la experiencia y en los acontecimientos que la constituyen. Al ser confrontados con estos acontecimientos de la experiencia, buscamos "domesticarlos", reduciendo la sorpresa y la discontinuidad que albergan, es decir, "los convertimos en acontecimientos de y en 'nuestro' mundo social" Quéré (2010, p. 35). Esto no extingue completamente el carácter revelador, de esclarecimiento y/o de desplazamiento que tales acontecimientos albergan. Así, para Quéré (2010, p. 35), "los acontecimientos se convierten, por sí mismos, en fuentes de sentido, fuentes de comprensión y fuentes de redefinición de la identidad de aquellos a quienes afectan".

El carácter impersonal, así, se presenta por la primacía de la experiencia en la vida humana y por su poder de afectar, incluso conformar, sujetos y subjetividades. En los términos de Joan-Carles Mèlich (2011), implica considerar el carácter de novedad en tensión con la contingencia presente en la experiencia, lo que no deja de ser una forma de respetar, sin sobrevalorar, la agencia humana y el poder de transformación y cambio presentes en ella. Sin embargo, la percepción del carácter impersonal de la experiencia, de la "experiencia sin ego", para usar la formulación de David Lapoujade, está vinculada a aspectos fundamentales del pragmatismo estadounidense, al menos según sus estudiosos. Para Lapoujade, en su recorrido sobre el pensamiento de William James, el pragmatismo no debe ser entendido como una "filosofía" sino como un método de verificación de la verdad, basado en un empirismo radical (esa sí una perspectiva filosófica). Este "método", sin embargo, no considera ni la posibilidad de una verdad absoluta ni un relativismo en el que todas las verdades puedan ser tomadas como válidas.

Según Lapoujade (2017, p. 25), la ambición del pensamiento de James es "capturar la realidad en el momento en que se produce". Esto implica entender que son los "flujos de vida inmediatos" los que constituyen de modo inmanente las experiencias y las verdades que allí se viven. En esta perspectiva, de nuevo según Lapoujade (2017, p. 67), el pragmatismo no supone ni un Universo "[...] (unidad absoluta) ni un multiverso (multiplicidad absoluta); se trata entonces de un pluriverso", que alberga realidades diferentes, a menudo superpuestas, en las que las experiencias tienen lugar, impeliendo y condicionando a la acción. Como elemento de los flujos de la vida, la experiencia ocurre en un "presente especioso", en el que se mezclan los ágoras, pasados y futuros. Este flujo alberga continuidades (de la conciencia, del tiempo y del espacio) y también unidades y acontecimientos. El mundo es, entonces, en la perspectiva pragmatista y según Lapoujade, "uno" y también "no uno", por albergar relaciones que son "conjuntivas" y "disyuntivas", a medida que las experiencias se constituyen, se despliegan y se desarrollan. Si hay "continuidad por todas partes", no todo es continuo, en función de las disyunciones, de las discontinuidades que también se instauran.

Tal entendimiento del mundo implica concebir el conocimiento y la verdad como procedimentales y deambulatorios, que no objetivan ni alcanzar leyes o esencias ahistóricas ni estabilizar la vida. Siendo procesal, la experiencia no cesa mientras haya vida y agentes en interacción. Según Lapoujade (2017, p. 78), el conocimiento, en perspectiva pragmática, "[...] se hace gradualmente, pieza por pieza, sin que estas piezas converjan para una unidad final; crea sus líneas, juntando sus diferentes piezas de experiencias entre sí". El filósofo (o quien investiga), así, sería una especie de trabajador que operaría articulaciones y observaría también discontinuidades, tejiendo lo que Lapoujade define como *patchworks* y también *networks*, es decir, redes de comunicación entre experiencias, verdades y conocimientos. Esto quiere decir que, en perspectiva pragmatista, el "conocimiento es tanto inacabado por derecho como determinado por fines externos" (Lapoujade, 2017, pp. 79-80), ya que se produce en medio de las circunstancias concretas de las experiencias y de los flujos y acontecimientos que lo constituyen.

Tomar la experiencia desde esta perspectiva, es decir, negarse a transformarla en materia prima para un experimento cualquiera y, aún más, tratando de reconocer en ella su vitalidad, trae, como se ha visto, importantes implicaciones epistemológicas. En contraposición a un conocimiento universal, transportable e indiferente a diferentes contextos y culturas, la experiencia nos lleva hacia conocimientos antropológicamente situados, históricos e historiables. Sin duda, tales implicaciones son gigantescas, incluso en sus dimensiones políticas. En esta perspectiva y escenario, buscamos en este momento aproximarnos brevemente a algunas de sus reverberaciones en el ámbito de los estudios de Comunicación, tal como se desarrollan en Brasil. En común, estas reverberaciones tienen una calidad epistémica y alcanzan la calidad del conocimiento que se produce sobre los fenómenos y procesos comunicacionales.

3. Experiencia, comunicación y conocimiento

De lo que hemos visto hasta el momento, la experiencia no se presenta como algo fácil de conocerse. Como señala Mèlich, por ejemplo, siendo contingente e incierta, la experiencia nos envuelve, afectándonos e impulsándonos a actuar, nos hace darnos cuenta de quiénes somos e impone límites a la razón humana. No es que esta razón esté excluida de la experiencia. Se presenta como un elemento, entre otros, de la experiencia, que se muestra entonces como multifacética y multidimensional, además de albergar temporalidades distintas e incluso conflictivas. Desde un punto de vista pragmático, tal como se ve a través de Quéré y Lapoujade, el conocimiento sobre la experiencia solo se da en medio de ella, a través de fragmentos y de la tesitura de *patchworks* y *networks*. Conocer, desde esta perspectiva, es una acción que ocurre en el curso de las experiencias y toda teoría, según Lapoujade, es necesariamente retrospectiva.

La forma tradicional de la ciencia moderna occidental de tratar con la experiencia ha sido transformarla en "experimento", es decir, en los términos de Bruno Latour, llevarla a ser un constructo laboratorial sometido a procesos de purificación (de "limpieza" de sus impurezas, contradicciones, dimensiones y aspectos "innecesarios" o "irrelevantes") y de hibridación (transformándola en algo entre lo artificial y la naturaleza). Sin embargo, especialmente a partir de las últimas décadas del siglo XX y principios del XXI, la ciencia moderna tal como se desarrolló en Europa recibe diferentes diagnósticos de límites, contradicciones o crisis, así como se señalan posibilidades para otros modos de hacer y de elaboración científica y sus relaciones con el mundo y otros conocimientos. Esto ocurre no solo en el ámbito de los estudios sobre epistemología, filosofía o historia de la ciencia sino como desde perspectivas como la antropología contemporánea, teorías feministas, estudios étnico-raciales; de género y sexualidad y decoloniales (Bhabha, 2003; Haraway, 1995, 2016; Ingold, 2015, 2018; Latour, 2019; Mbembe, 2017, 2018a, 2018b, 2022; Prigogine; Stengers, 2002; Rivera Cusicanqui, 2018; Stengers, 2010, 2015, entre otros). En todos los casos, se reivindica un conocimiento científico que no se proponga ni universal ni totalizante, que establezca relaciones menos arrogantes con el mundo y con la naturaleza, que no se base estrictamente en una lógica productivista y laboratorial y que no se reduzca a la (re)producción de experimentos.

En este sentido, conocer las experiencias implica, por un lado, la percepción por parte de quien investiga de que forma parte de ellas, que está inmerso en ellas, actuando y (des)haciéndose en este proceso. Quien investiga no habita otro mundo diferente al que todas/os viven y las paredes del laboratorio no promueven el aislamiento total ni instituyen un lugar totalmente desconectado de otras realidades cotidianas. Por otro lado, el conocimiento que se produce sobre las experiencias será necesariamente incompleto, imposible alcanzar la totalidad o la "esencia" de las cosas. Este conocimiento, además, es parte del mundo y actúa sobre él, siendo también, por tanto, comprometido y localizado.

En el contexto de los estudios en Comunicación en Brasil, mucho se ha dedicado a las reflexiones sobre el estatuto de asignaturas del área e incluso a la llamada "mirada comunicacional". Algunas reflexiones, aunque la experiencia no haya sido en ellas tematizada, sugieren posibles articulaciones con las discusiones que aquí hacemos. En un artículo conocido, de 2008, José Luís Braga, por ejemplo, observa que una asignatura académica como la Comunicación (cuyo proceso de institucionalización en Brasil es relativamente reciente) comporta una variedad de "modelos epistemológicos". Sin embargo, según él, son poco frecuentes las investigaciones de carácter nomotético, es decir, aquellas cuyo conocimiento tiene como objetivo "[...] proporcionar percepciones verificables sobre las regularidades procedimentales en los fenómenos sociales" (Braga, 2008, p. 74). A partir de las reflexiones epistemológicas de Jean Piaget, Braga identifica en los estudios en Comunicación brasileños la presencia recurrente de "leyes y regularidades expresadas en teorías de áreas vecinas", como la sociología y la lingüística, además de conocimientos procedentes de investigaciones no nomotéticas o de carácter ensayístico o especulativo. Su preocupación, en este momento, es pensar la Comunicación como disciplina indiciaria, remitiendo al paradigma formulado por el historiador italiano Carlo Ginzburg (1989), con el cuidado de destacar, sin embargo, que esto no significa decir (o proponer) que todas las investigaciones en el área tengan esta filiación paradigmática.

Para Braga, la pertinencia del paradigma indiciario para la Comunicación se debe, entre otras razones, a su capacidad de alcanzar, a través de indicios, pistas y rastros, la peculiaridad de casos y situaciones singulares. Es decir, que el paradigma indiciario sería capaz de, al tratar con la "concreción de la experiencia", aprehender otras formas de conocimiento, como el conocimiento tradicional. Hay, como se puede apreciar, un aspecto empírico reconocible en este modo de investigar y que, en el caso de Ginzburg, implicó un cuidadoso trabajo con archivos y documentos, además de sofisticadas construcciones narrativas, como podemos encontrar en *O queijo e os vermes* (2006), una de sus obras más conocidas. Braga, sin embargo, advierte que una investigación indiciaria no se reduce a la recogida empírica de datos, pues "[la] base del paradigma no es recoger y describir indicios, sino seleccionarlos y organizarlos para hacer inferencias", con el fin de "[...] hacer proposiciones de orden general a partir de los datos singulares obtenidos" (Braga, 2008, p. 78).

La atención al paradigma indiciario, sus implicaciones y desafíos (como separar indicios "esenciales" y "accidentales", por ejemplo), lleva al investigador brasileño a articularlo al estudio de caso, considerándolo como el "método" por excelencia para la aprehensión de fenómenos y situaciones singulares. Según él, "[e]ncontramos toda una diversidad de estudios de caso en el área" y "[t]oda esta diversidad evidencia la posibilidad y el interés por la producción de conocimiento general a través del estudio de objetos y situaciones singulares (Braga, 2008, p. 87). José Luís Braga, en este artículo y en este momento de sus reflexiones, no está particularmente interesado en la discusión de la experiencia, aunque está consciente de las discusiones que se estaban desarrollando sobre comunicación y experiencia estética (Guimarães; Leal; Mendonça, 2006; Guimarães; Leal; Mendonça, 2010, entre otros). Su intención, como puede percibirse en esta breve reseña, es al mismo tiempo articular aspectos epistémico-metodológicos para los estudios en Comunicación y también reivindicarles un nivel de rigor, sistematización y calidad sobre el conocimiento que se produce. Así, un estudio de caso se muestra relevante no solo por el cuidado con los procedimientos y protocolos adecuados o por el tratamiento atento de datos, rastros, síntomas y vestigios que moviliza, pero también por la capacidad de hacer proposiciones más allá de la singularidad del fenómeno estudiado. Pero, ¿qué sería esta "producción de conocimiento general"? ¿Cuál es el alcance y la calidad de este "general"? Más aún, ¿qué nivel de generalización sería posible o deseable a partir de un estudio de caso?

Por cierto, en el ámbito de la comunicación, Braga reconoce una peculiaridad más:

> Al hacer un estudio de caso, el investigador que lo inscriba en reflexiones sobre el campo preguntará qué lógicas interaccionales son relevantes para su funcionamiento; y cómo estas lógicas se relacionan con otros procesos sociales que caracterizan el fenómeno. Para poder percibir tales relaciones, será necesario inferir, a través del examen de indicios pertinentes para ello, *lo que es propiamente comunicacional* y lo que deriva de circunstancias sociales de otros órdenes, "modulando" la comunicación (Braga, 2008, p. 87, cursivas propias).

Preocupado con la constitución del campo científico de la Comunicación, Braga, en este momento, no renuncia a una mirada propiamente comunicacional de los fenómenos que se estudian. Sin embargo, no parece haber consenso, hasta hoy, sobre lo que es "típicamente comunicacional" o, quizás, mejor dicho, aún quedan cuestiones como las que rodean expresiones como "interacciones comunicacionales". Si lo comunicacional puede ser llamado para calificar una interacción, ¿qué interacción no sería comunicacional?, por ejemplo. Cuando traemos estas cuestiones para la experiencia, se vuelven todavía más complejas. Después de todo, como vimos rápidamente, John Dewey define la experiencia como la interacción de la criatura viva con su ambiente. En la formulación del filósofo estadounidense, así como para otras perspectivas aquí revistas, "experiencia" e "interacción" son términos complementarios, y James y Lapoujade parecen indicar un mayor alcance del primero con relación al segundo. Un elemento decisivo en la caracterización del alcance de la experiencia se refiere a la diversidad de interacciones que alberga. Al mismo tiempo, esta diversidad de interacciones no permite que la experiencia sea, como hemos observado, ni insular, ni cerrada en sí misma. Estamos siempre en medio de experiencias, de calidad, ritmo, duración y dinámicas temporales variadas. Desde esta perspectiva, la comunicación es experiencia, sin duda. Sin embargo, como lo que se hizo con "interacción", ¿debemos realmente preguntarnos si toda experiencia es "comunicacional"? o, aún, ¿cuál sería la mirada "comunicacional" sobre la experiencia? Dada su íntima conexión con la vida humana, ¿será qué la experiencia se deja fragmentar por las lógicas de las asignaturas académicas?

Sin avanzar en este debate sobre la especificidad de lo comunicacional, que ya ha sido objeto de investigadores del porte de Braga, es importante observar que estas cuestiones, de difícil respuesta, se asocian a otras (como las relativas a las "proposiciones de orden general"), que permanecen abiertas. La recuperación del ensayo de Braga, en este sentido, se muestra un camino no solo para observar los desafíos presentes en la producción del conocimiento en Comunicación sino también para alcanzar algunos aspectos peculiares del "conocer la experiencia". En principio, el paradigma indiciario y su asociación a los estudios de caso parecen ser pertinentes para los estudios de la experiencia en la Comunicación, y no solo en esta asignatura, ya que las proposiciones de Ginzburg se dan en el ámbito de la Historia. Sin embargo, incluso en este caso, la propia adopción de un "método" previo, como el estudio de caso, parece ir, de alguna manera, hacia una dirección favorable al experimento y contra la complejidad de la experiencia, a partir incluso de sus protocolos formales. Es posible organizar previamente un estudio de caso, sin duda, pero, por lo que hemos visto, una experiencia solo es organizable retrospectivamente, durante o después de su ocurrencia.

No existe, aparentemente, una fórmula lista que elimine a quien investiga del proceso de producción de conocimiento sobre la experiencia. Siendo un(a) investigador(a), quien investiga es también una persona en medio de los flujos de la vida cotidiana (incluyendo aquí los académico-científicos) y sobre los cuales, aun teniendo agencia, no tiene ni posesión ni control. La atención a la experiencia, por tanto, desafía lo que Braga llama elaboración de "proposiciones generales" al mismo tiempo que hace que todo el conocimiento sea inevitablemente localizado y jamás universalizable. En este sentido, la demanda de generalizaciones tal vez sea la posibilidad y la consecuencia ineludible para el intercambio de experiencias, incluso académicas y científicas, más allá del estudio de caso y la narrativa ensimismada de sí mismo. En este sentido, la Comunicación en Brasil ha dialogado con otros esfuerzos de aprehender la experiencia, más allá del estudio de caso, como las escritas en primera persona (Kilomba, 2019; Nelson, 2017) y otras vinculadas particularmente al llamado "giro afectivo" (Moriceau, 2020; Pessoa; Marques; Mendonça, 2021).

En todos los casos, se hace una opción por el fragmento, por lo pequeño, por lo indicial como forma de alcanzar cuestiones o aspectos sociales más complejos y amplios. Menos que "métodos" o "protocolos", estos esfuerzos materializan algunas posibilidades de conocer y saber la experiencia. Para Mèlich, la forma de conocimiento que alcanza la finitud, la condición de sufrir y actuar, de vulnerabilidad y creatividad que caracteriza el vivir humano es el ensayo, una forma literaria que "[...] rechaza la soberbia presunción de haber llegado a la Verdad" (Mèlich, 2011, p. 23). Según el filósofo catalán, el ensayo "[n]o 'demuestra', simplemente 'muestra', vive en la fragilidad, en el fragmento, en el aforismo, en la vulnerabilidad, en el instante, en la singularidad", y es por esto que cuenta, entonces, con "[...] ausencia de principios absolutos, universales y eternos" (Mèlich, 2011, p. 22). La opción por el ensayo puede no ser válida o viable para todas(os) las(los)investigadoras(es) que aspiran a conocer la experiencia y entienden la inviabilidad de un conocimiento total. La experiencia, por años el "otro" de la ciencia, desafía permanentemente la producción académica y no se deja aprehender por una forma única, que, por cierto, sería contradictoriamente un "método" universal. Se hace necesaria entonces una continua reflexión, por parte de quien investiga, sobre sus caminos y procesos, incluso "metodológicos". Y las opciones adoptadas también serán localizadas y circunscritas. Resistiendo a la ciencia moderna e incluso a sus diagnósticos de muerte la experiencia surge, por tanto, ahora valorada como potencia desafiante, renovadora, de transformación, no solo del conocimiento y de los modos de saber científicos, sino también de los propios modos de vivir y estar en el mundo, en interacción constante con otros seres y cosas, cuya vida está en permanente conexión con la nuestra.

Referencias

BHABHA, Homi K. *O local da cultura*. Belo Horizonte: Ed. UFMG, 2003.

BRAGA, José Luís. Comunicação, disciplina indiciária. *Matrizes*, São Paulo, v. 1, n. 2, pp. 73-88, 2008. Disponible en https://www.revistas.usp.br/matrizes/article/view/38193. Acceso en 04 oct. 2022.

CARR, David. *Historical Experience*: essays on the phenomenology of history. Nova York: Routledge, 2021.

DEWEY, John. *Art as experience*. Nova York: Perigee, 1980.

DEWEY, John. *Experience and nature*. Nova York: Dover, 1958.

GADAMER, Hans-Georg. *Verdade e Método I*. 3. ed. Petrópolis: Vozes, 2003.

GINZBURG, Carlo. *A micro-história e outros ensaios*. Lisboa: Difel; Rio de Janeiro: Bertrand Brasil, 1989.

GINZBURG, Carlo. *O queijo e os vermes*. São Paulo: Companhia de bolso, 2006.

GUIMARÃES, César; LEAL, Bruno S.; MENDONÇA, Carlos (org.). *Comunicação e experiência estética*. Belo Horizonte: ed. UFMG, 2006.

GUIMARÃES, César; LEAL, Bruno S.; MENDONÇA, Carlos (org.). *Entre o sensível e o comunicacional*. Belo Horizonte: Autêntica, 2010.

HARAWAY, Donna. *Staying with the trouble*. Nova York: Duke University, 2016.

HARAWAY, Donna. Saberes localizados. *Cadernos Pagu*, Campinas, n. 5, pp. 7-41, 1995. Disponible en https://periodicos.sbu.unicamp.br/ojs/index.php/cadpagu/article/view/1773. Acceso en 03 mar. 2023.

INGOLD, Tim. *Estar vivo*. Petrópolis: Vozes, 2015.

INGOLD, Tim. *La vida de las líneas*. Santiago: Ediciones Universidad Alberto Hurtado, 2018.

JAMES, Willian. *As variedades da experiência religiosa*: Um Estudo Sobre a Natureza Humana. São Paulo: Cultrix, 2017.

KILOMBA, Grada. *Memórias da plantação*. São Paulo: Cobogó, 2019.

LAPOUJADE, David. *William James, a construção da experiência*. São Paulo: n-1, 2017.

LATOUR, Bruno. *Jamais fomos modernos*. Rio de Janeiro: 34 Letras, 2019.

LATOUR, Bruno. *Onde aterrar?* Rio de Janeiro: Bazar do tempo, 2020.

MBEMBE, Achille. O tempo em movimento. *Contracampo*, Niterói, v. 36, n. 3, pp. 40-65, 2018a.

MBEMBE, Achille. *Crítica da razão negra*. São Paulo: n-1, 2018b.

MBEMBE, Achille. *Políticas da inimizade*. Lisboa: Antígona, 2017.

MBEMBE, Achille. *Brutalismo*. São Paulo: n-1, 2022.

MORICEAU, Jean-Luc. *Afetos na pesquisa acadêmica*. Belo Horizonte: Selo PPG-COM/UFMG, 2020.

MÈLICH, Joan-Carles. *Filosofía de la finitud*. Barcelona: Herder Editorial, 2011.

NELSON, Maggie. *Argonautas*. Belo Horizonte: Autêntica, 2017.

PESSOA, Sônia; MARQUES, Ângela; MENDONÇA, Carlos (org.) *Afetos*: teses e argumentos. Belo Horizonte: Selo PPGCOM/UFMG, 2021.

PRIGOGINE, Ilya; STENGERS, Isabelle. *O fim das certezas*. Bauru: Unesp, 2002.

QUÉRÉ, Louis. A dupla vida do acontecimento: por um realismo pragmatista. FRANÇA, Vera; OLIVEIRA, Luciana de (org.). *Acontecimento:* reverberações. Belo Horizonte: Autêntica, 2012, pp. 21- 38.

QUÉRÉ, Louis. Entre o facto e sentido: a dualidade do acontecimento. *Trajectos*, Revista de Comunicação, Cultura e Educação, Lisboa, n. 6, pp. 59-75, 2005.

QUÉRÉ, Louis. O caráter impessoal da experiência. *In*: LEAL, Bruno S.; MENDONÇA, Carlos C.; GUIMARÃES, César (org.). *Entre o sensível e o comunicacional*. Belo Horizonte: Autêntica, 2010, pp. 19-38.

RIVERA CUSICANQUI, Silvia. *Un mundo ch'ixi es posible*. Ensayos desde un presente en crisis. Buenos Aires: Tinta Limón, 2018.

STENGERS, Isabelle. *No tempo das catástrofes*. Resistir à barbárie que se aproxima. São Paulo: Cosac Naify, 2015.

STENGERS, Isabelle. *Cosmopolitics* I e II. Minneapolis: University of Minnesota Press, 2010.

Capítulo 2

Conciencia afectiva, cambios de presencia y flujo: comunicación y experiencia en estudios culturales

Itania Maria Mota Gomes
PPGCOM/UFBA
Beca de Productividad CNPq

Mirar la Comunicación desde la experiencia es un desafío fundamental en la propia constitución de los estudios culturales, en su movimiento por comprender las culturas vivas y el cambio, la transformación. Desde una cierta perspectiva, la experiencia surge como articulación entre la vivencia y el cotidiano, con fuerte énfasis en la investigación empírica y en la idea de lo vivido. Esta preocupación está muy presente en el surgimiento de los estudios culturales, en su fuerte despliegue en los años 1980 y 1990, y marcó las investigaciones con televisión y recepción que constituyen mi propia entrada en el campo de la Comunicación y que tuvieron desdoblamientos tan marcantes en la investigación en Comunicación en Brasil y América Latina.

El énfasis en la vida vivida, en la vida densa y concreta, es central para la extensión del concepto de cultura que hace surgir los estudios culturales. Al reflexionar sobre lo que constituye estas culturas –culturas vividas–, los autores identifican el cotidiano como un espacio de compartir prácticas y valores que les ofrece un sentido de vida característico a través de una vida que atribuye especial destaque a los detalles, al elemento sensorial y personal, a la intimidad (Hoggart, 1973, p. 126). En este caso, se trata de la atención a las experiencias vividas, lo que permitirá el análisis empírico de las prácticas culturales y sociales concretas. La preocupación por comprender las "culturas vivas", "la cultura común", como la definiría Raymond Williams (2015a), "la vida densa y concreta" de las clases populares, como diría Richard Hoggart (1973, p. 126), o la cultura plebeya y el modo en que la clase obrera estuvo presente en su propio hacerse, para E. P. Thompson (1987, p. 9), para quedarnos en tres obras y autores canónicos, es articuladora de los estudios culturales de un modo bastante denso, porque la valorización de la idea de cultura vivida o de cultura común está en el centro de una preocupación amplia por el cambio y la transformación.

Lo que pretendo evidenciar, en este texto, es que el movimiento que posibilitó la comprensión que compartimos hoy, de que la cultura, en los estudios culturales, se constituye como un terreno de enfrentamiento y resistencia, y, por tanto, de poder de transformación, pasa por una problematización de la noción de experiencia. En mi recorrido, vuelvo al debate sobre la experiencia en los estudios culturales, tomando como referencias los trabajos de Edward Palmer Thompson y Raymond Williams, en la medida en que sus obras tensionan el concepto de experiencia y constituyen, junto con Richard Hoggart, uno de los "paradigmas" de los estudios culturales (Hall, 2003). Tomo las contribuciones de E. P. Thompson y Raymond Williams, y desde ahí diálogo con sus esfuerzos por pensar la cultura a partir de, con, o contra el marxismo. La permanencia material de la cultura o el materialismo cultural son expresiones que dan sentido a sus esfuerzos. Si en Thompson la experiencia se problematiza explícitamente en relación con el hacer del historiador y su comprensión de los desafíos planteados a la tradición marxista, en Williams la experiencia nos convoca a su vínculo con la idea de experimentación, de apertura y surgimiento de lo nuevo. Evidencio, a partir de estos dos autores, que la experiencia puede ser tomada como conciencia afectiva, tiene calidad de presencia y se constituye como fuerza activa de transformación. Además, con Williams, se desarrolla una idea de experiencia televisiva como flujo. En las conclusiones, indico algunos desdoblamientos poderosos que las ideas de conciencia afectiva, modificaciones de presencia y flujo tienen en mis investigaciones, a partir de las conexiones entre los compromisos afectivos y los flujos audiovisuales en red.

1. Experiencia es una conciencia afectiva

La noción de experiencia es uno de los temas que conforman las disputas en torno al marxismo inglés y que tocaban profundamente el trabajo de los estudios culturales. Estas disputas involucraban, de manera articulada, la comprensión del lugar de la cultura en la tradición marxista, la problematización de la noción de determinación, el énfasis en los valores y en la agencia humana y el análisis histórico y cultural. El libro *A miséria da teoria*, de Edward Palmer Thompson (1981), se constituyó como una defensa aguerrida de la noción de experiencia, marcadamente, en este caso, de una dimensión importante de la noción de experiencia, que es su vinculación a la empírea, a lo concreto.

Experiencia es el término que, para Thompson, garantiza combatir el determinismo marxista y pensar las relaciones de poder y de agencia con mayor densidad. Es, sobre todo, el término que permite pensar la cultura dentro de la tradición marxista, sin reducirla a una mera consecuencia de las relaciones económicas ni a una dimensión ilusoria de la vida. Experiencia, que para Thompson (1981, p. 42) resulta del "diálogo entre el ser social y la conciencia social", comprende la "respuesta mental y emocional, ya sea de un individuo o de un grupo social, a muchos acontecimientos interrelacionados o a muchas repeticiones del mismo tipo de acontecimiento" (Thompson, 1981, p. 15), y sería esta respuesta la que podría explicar el cambio. Para Thompson, es precisamente la "experiencia humana", el término ausente que él identifica en su crítica al estructuralismo y al trabajo de Louis Althusser, lo que le permitiría al marxismo tratar con cuestiones de valor, agencia y cultura:

> Los hombres y las mujeres también regresan como sujetos, dentro de este término, no como sujetos autónomos, "individuos libres", sino como personas que experimentan sus situaciones y relaciones productivas determinadas como necesidades e intereses y como antagonismos, y luego "tratan" esta experiencia en su *conciencia* y su *cultura* (las otras dos expresiones excluidas de la práctica teórica) de las formas más complejas (sí, "relativamente autónomas", y luego (a menudo pero no siempre, a través de las estructuras de clase resultantes) actúan, a su vez, sobre su situación determinada (Thompson, 1981, p. 182).

Es así que Thompson asume introducir en el debate que configura la tradición marxista el problema de la cultura, que en sus formulaciones más recientes no estaba a disposición de Marx, pero que estaría en sintonía con sus escritos sobre alienación, fetichismo, reificación. Cultura es un término con cuya defensa Thompson (1981, p. 182) afirma estar "totalmente comprometido". Los valores, cuestión tan central para la comprensión de la cultura, se aprenden en la experiencia vivida en articulación con las determinaciones de poder y clase; no son simplemente impuestos por los circuitos del capital. Una consideración materialista de los valores, para Thompson, no implica su reducción a los valores impuestos por la clase que detiene el poder, sino por la comprensión de la "permanencia material de la cultura" (Thompson, 1981, p. 195). Thompson convoca la idea de modo de vida y el trabajo realizado por Raymond Williams (2011) en *O campo e a cidade*: los valores se examinan "como foco de conflicto, en niveles inarticulados, poco articulados, sublimados y en niveles complejos y violentamente contestados de articulación" (Thompson, 1981, p. 195). El trabajo de Thompson se configura como un manifiesto por la empírea y la valorización de las manifestaciones de la vida en la práctica marxista: toda cultura y toda vida social no pueden reducirse simplemente al modo de producción.

La experiencia no está desconectada del pensamiento, pues el ser social no es independiente de los conceptos y expectativas que lo conforman. La cuestión, para Thompson (1981, p. 16), es que la experiencia también es "determinante, en el sentido de que ejerce presiones sobre la conciencia social existente, propone nuevas cuestiones [...]" y, por tanto, es una "fuerza propulsora del 'mundo real'" (Thompson, 1981, p. 17). Es a través de la experiencia que la estructura se transmuta en proceso (Thompson, 1981, p. 182). Existe, así, una fuerte consideración de que los conceptos y expectativas no vienen "antes" de la vida social, pues la experiencia también ejerce presiones sobre el conjunto, lo que implica una problematización de "cualquier definición estrecha de determinación" (Thompson, 1981, p. 189). Con esta comprensión, la experiencia se ve como fuerza activa y como "conciencia afectiva" (Thompson, 1981, p. 189).

La dimensión claramente afectiva que tiene la experiencia aquí se evidencia por un vocabulario que Thompson reintroduce en su trabajo de historiador, en afectos como compasión, ambición, amor, miedo, orgullo, autosacrificio, lealtad, traición, calumnia, que no se explican por el análisis de los circuitos del capital, pero que dan sentido a la vida. La "conjunción" de experiencia y cultura reconfigura los problemas planteados en la tradición marxista, "porque la gente no experimenta su experiencia solo como idea, dentro del pensamiento y sus procedimientos [...] También experimenta su experiencia como sentimiento y tratan con estos sentimientos en la cultura [...]" (Thompson, 1981, p. 189). La conciencia afectiva y moral es una *experiencia vivida*.

En *A formação da clase operária inglesa* (Thompson, 1987), uno de los libros fundadores de los estudios culturales, Edward Palmer Thompson ofrece el estudio de la formación de la clase obrera, que presenta como "un estudio sobre un proceso activo" (Thompson, 1987, p. 9), que se debe tanto a la acción humana como a los condicionamientos. "La clase obrera no surgió como el sol en un momento determinado. Ella estaba presente en su propio hacerse" (Thompson, 1987, p. 9), lo que implica un rechazo a pensarla como mero desdoblamiento del sistema capitalista de producción. Clase es un fenómeno histórico que unifica una serie de acontecimientos dispares y aparentemente desconectados, tanto en la experiencia como en la conciencia. "No veo la clase como una 'estructura', ni como una 'categoría', sino como algo que ocurre efectivamente en las relaciones humanas" (Thompson, 1987, p. 9).

El tratamiento que Thompson da a la noción de clase es una importante indicación de su modo de trabajar la experiencia como conciencia afectiva. Para Thompson, la noción de clase trae consigo la noción de relación histórica, pero, como cualquier otra relación, es algo fluido, que escapa al análisis si intentamos inmovilizarla; y aquí la relación con la investigación empírica adquiere especificidad, porque no se trata de buscar ejemplos de clase, de amor o de sumisión (sugerencias del propio autor), pues como relación no se dejan capturar. Se trata, más bien, de buscar la relación, esta sí "debe estar siempre encarnada en personas y contextos reales" (Thompson, 1987, p. 10). No se confunde, así, el "empirismo" con "el modo empírico de la práctica intelectual" (Thompson, 1981, p. 19). Encontramos en el trabajo de Edward Palmer Thompson, en su atención a prostitutas, taberneros y ladrones, herreros, zapateros y jornaleros, cantantes de baladas, una forma de estudiar la relación histórica a través de las experiencias vividas por la gente común, lo que constituye una importante clave metodológica para la historia social, en su despliegue como una *history from below/* una historia afectiva.

2. Experiencias son modificaciones de presencia

Enfatizar la cultura es, para Raymond Williams, enfatizar el proceso de incorporación social y cultural, según el cual siempre es algo más que la simple propiedad o el poder lo que mantiene las estructuras de la sociedad capitalista.

> Una cultura son los sentidos comunes, el producto de la experiencia personal y social plenamente comprometida de un hombre (sic) [...] Estos sentidos [...] se construyen a medida que vivimos, se construyen y reconstruyen de una manera que no podemos conocer de antemano (Williams, 2015a, p. 12).

Decir que la cultura es común significa afirmar que, de alguna manera, la sociedad "está ahí fuera", pero está permanentemente construida por los sujetos. La cultura tiene dos aspectos o dos caras, una que se refiere al conjunto de valores, normas, prescripciones, proyecciones en las que se educan los miembros de una sociedad y, al mismo tiempo, nuevos significados que emergen y se ponen a prueba: este es el proceso común que articula a las sociedades y a los individuos, la cultura es siempre, al mismo tiempo, tradición y creatividad. Así, Williams lleva a cabo una transformación radical del concepto de cultura y de las posibles formas de realizar el análisis cultural: como respuesta a nuevos desarrollos políticos y sociales, la cultura articula, al mismo tiempo, elementos externos, de estructura, y elementos de experiencia social. De ahí la idea de la cultura como una forma integral de vida, lo que le muestra que el cambio nunca es parcial, ya que las alteraciones en cualquier elemento de un sistema complejo afectan seriamente al conjunto. Podemos decir que es la articulación de experiencia y estructura lo que produce la cultura como proceso y, por tanto, lo que abre la posibilidad para el surgimiento de lo nuevo.

Es a partir de la relación entre cultura y comunicación que se localiza la discusión sobre el lugar de la experiencia en el trabajo de Raymond Williams. En el libro *The Long Revolution* (Williams, 1961), la experiencia es central para la rearticulación de dos sentidos aparentemente dispares de cultura, ya sea como creatividad humana o como modo de vida. En un primer movimiento, Williams acoge de los estudios sobre percepción la comprensión de que "la realidad tal como la experimentamos es [...] una creación humana; que toda nuestra experiencia es una versión humana del mundo que habitamos" (Williams, 1961, p. 18), lo que produce uno de los argumentos para su rechazo de la dualidad entre el arte y la realidad. Como consecuencia, rechaza igualmente la reducción de la creatividad a la esfera del arte y del artista y la convoca a la vida ordinaria. Al mismo tiempo, el arte se constituye no como una esfera separada de la realidad, sino como uno de los lugares en los que la experiencia social *cobra forma*, en el que nuevos modos de sentir pueden expresarse. Así, para Williams, es el compartir experiencias lo que constituye una cultura como cultura común, lo que requiere también otra noción de comunicación, que no se restringe a un mero sistema de transmisión y producción de efectos: "La comunicación es el proceso de convertir la experiencia única en una experiencia común, y esto es, sobre todo, una pretensión de vivir" (Williams, 1961, p. 38).

La experiencia adquiere así centralidad en la formulación de la hipótesis cultural de la estructura del sentimiento, una formulación metodológica muy potente en la obra de Williams. Él la convoca para el enfrentamiento de un cierto marxismo ortodoxo y para sus esfuerzos de análisis cultural y su preocupación por el sujeto, con el proceso activo de producción de la cultura. Como he evidenciado en otro momento (GOMES, 2011a), la expresión estructura de sentimiento nace de un desafío que tensiona toda la obra de Williams, que expresa el esfuerzo teórico-metodológico de rechazar el determinismo marxista y de hacer frente a las insuficiencias del marxismo en el tratamiento de la cultura (en un movimiento en sintonía con Thompson) y, al mismo tiempo, como consecuencia de la necesidad de realizar un análisis cultural que sea el análisis de la relación entre los elementos de un modo entero de vida. Estos desafíos están constituidos por el compromiso político e intelectual de Williams con el enfrentamiento al capitalismo y con su búsqueda para valorizar el cambio cultural, la innovación, a partir de la concepción de que es posible el surgimiento de una nueva clase social, de una nueva conciencia de clase, de una nueva hegemonía. La articulación entre el cambio social y el cambio cultural es el desafío central que Williams quiere enfrentar con la formulación de la noción de estructura de sentimiento.

Entiendo la estructura de sentimiento como un recurso que Williams moviliza para comprender el modo en que vivimos, cada uno de nosotros individualmente, pero siempre de manera profundamente social, la complejidad de las relaciones entre materialidades económicas, estructuras sociales y políticas y producción de sentido. Se refiere a algo "[...] tan firme y definido como sugiere la palabra 'estructura', aunque opere en los espacios más delicados y menos tangibles de nuestra actividad" (Williams, 1961, p. 48). Mientras que "estructura" quiere llamar la atención sobre elementos que se presentan "[...] como una serie, con relaciones internas específicas, al mismo tiempo engarzadas y en tensión", 'sentimiento' aparece allí para marcar una distinción en relación con los conceptos más formales de la visión del mundo, ideología, conciencia, para dar cuenta de significados y valores "tal como son vividos y sentidos activamente" (Williams, 1979, p. 134).

Hay dos cuestiones centrales que articulan la estructura de sentimiento y la experiencia. Primero, está el énfasis de Williams en el hecho de que en la experiencia vivida cada elemento es parte inseparable del todo, lo cual reverbera su concepción de cultura como modo de vida y su rechazo a toda idea de separación entre cultura y vida social material. Segundo, estructura de sentimiento se refiere a una experiencia social que está en proceso o en solución, con frecuencia aún no reconocida como social (Williams, 1979, p. 134).

Estructura de sentimiento acoge un sentido de experiencia muy evidente, en la medida en que se refiere a "elementos específicamente afectivos de la conciencia y las relaciones, y no del sentimiento como contraposición al pensamiento, sino del pensamiento como sentido y del sentimiento como pensamiento" (Williams, 1979, p. 134). O, podríamos decir, con E. P. Thompson (1981, p. 17), que "así como el ser es pensamiento, también el pensamiento es vivido, las personas pueden, dentro de límites, *vivir* las expectativas sociales o sexuales que les son impuestas por las categorías conceptuales dominantes".

Sin embargo, destacamos que, en *Marxismo e literatura*, Williams (1979) rechaza explícitamente formular su hipótesis de análisis cultural en términos de una *estructura de experiencia*, pues la experiencia convoca un sentido de tiempo pasado, lo cual "[...] es el obstáculo más importante para el reconocimiento del área de la experiencia social que se está definiendo" (Williams, 1979, p. 134). Es importante localizar esta reticencia de Williams en cuanto a la experiencia con respecto a los dos sentidos principales que describe en el capítulo "Experiencia", de su libro *Palavras-chave* (Williams, 2007). Uno sería "el conocimiento reunido a partir de acontecimientos pasados" y otro sería "un tipo específico de conciencia" (Williams, 2007, p. 172). En este segundo sentido, la experiencia es "el más pleno, abierto y activo tipo de conciencia que incluye tanto el sentimiento como el pensamiento" (Williams, 2007, p. 172). De esta manera, como nos recuerda Michael Bérubé (2005, p. 122, traducción propia), se configura "una especie de puerta de entrada a una experiencia futura no especificada". Es en este segundo sentido también que la experiencia, que "implica una llamada a toda conciencia", se relaciona con el desarrollo de la cultura: "la fuerza de este llamado a la totalidad, contra formas de pensamiento que excluyen ciertos tipos de conciencia como meramente 'personales', 'subjetivos' o 'emocionales', es evidente" (Williams, 2007, p. 173).

Además, hay la conexión entre la experiencia y la empírea y las tensiones entre empírico y empirismo, para los cuales Williams está bien atento. "Empírico" es una entrada propia en *Palavras-chave* (Williams, 2007, pp. 152-155), que evidencia las superposiciones de sentido que se deslizan entre una acepción desfavorable, como charlatanismo e impostura, y los sentidos asociados a la ciencia, pero ahí, si la empírea puede ser valorada y traducir "una confianza en la experiencia observada", Williams (2007, p. 153) hace la advertencia de que, en este caso, "todo depende de cómo se entienda la *experiencia*", y volvemos a la noción cargada de experimento, test, prueba, que convoca el sentido de la experiencia como acontecimientos pasados. Además, en otra etapa importante de las disputas que ya hemos visto con Thompson, en la lengua inglesa se superpone una confianza en el experimento, en el conocimiento que se basa en la observación y en la vivencia, con una oposición a la teoría (Williams, 2007, pp. 153-154).

En *A política e as letras* (Williams, 2013), libro que registra una serie de entrevistas con editores de *New Left Review*, realizadas entre 1977 y 1978, Williams es convocado para aclarar su concepción de experiencia, el lugar que ocupa en su trabajo y sobre el escenario intelectual y académico en el que se desarrolla su obra. Williams afirma entonces la "calidad de la presencia" de la experiencia social que él quería convocar con la idea de estructura de sentimiento para "insistir de forma aguda en la presencia real de una estructura de sentimiento como algo diferente del pensamiento oficial o heredado de una época" (Williams, 2013, p. 159). Como afirma en *Marxismo e Literatura*, su comprensión de la experiencia habla de las *"modificaciones de presencia (mientras se viven)"* (Williams, 1979, p. 134), que nunca son personales o meramente subjetivas o ilusorias, pero que tampoco se han institucionalizado, no son socialmente reconocidas. Sin embargo, son activas: "no tienen que esperar definición, clasificación o racionalización antes de ejercer presiones palpables y fijar límites efectivos a la experiencia y a la acción" (Williams, 1979, p. 134).

El énfasis en las *modificaciones de presencia,* es decir, en observar las experiencias mientras se viven, está relacionado con el desafío de comprender el cambio. "[…] El lugar peculiar de la estructura de sentimiento es la equivalencia sin fin que debe ocurrir, en el proceso de conciencia, entre lo articulado y lo vivido. Lo vivido es, por así decirlo, solo otro mundo para la experiencia" (Williams, 2013, p. 164). La calidad de presencia de la experiencia que Williams quiere analizar no se confunde, sin embargo, con el presente como tiempo histórico (Williams, 2013, p. 164). Y aquí me gustaría llamar la atención hacia el punto en que Williams (1979, p. 136, cursivas propias) afirma que *"las estructuras de sentimiento pueden ser definidas como experiencias sociales en solución"*, en el reconocimiento de que todo lo que no es plenamente articulado, que aparece como tensión, inquietud, agitación, le parece fuente de cambios en las convenciones, en la cultura. Lo que Williams desea es acceder a la emergencia de nuevas características que aún no se han cristalizado, pues la estructura de sentimiento intenta captar valores y sentidos "tal como son vividos y sentidos activamente" (Williams, 1979, p. 134) en el momento de su surgimiento. En cierto sentido, la estructura de sentimiento se configura como un modo de problematizar la experiencia, conectarla a todo lo que está presente y en movimiento, todo lo que escapa o parece escapar de lo fijo, de lo explícito y de lo ya conocido, de las "lecciones" del pasado (Williams, 2007, p. 173). Podríamos decir que estructura de sentimiento muestra la forma en que Williams pretendía acceder a la relación entre lo vivible y lo articulable.

3. La experiencia televisiva tiene una calidad de flujo

Al analizar la televisión como tecnología y como forma cultural, Raymond Williams (2016) parte de una experiencia personal concreta, una especie de aturdimiento en múltiples intensidades, cuando, una noche en Miami, miraba una película en la televisión estadounidense. Lo que parecía una dificultad inicial, de ajustarse a una presencia mayor de intervalos comerciales de lo que estaba habituado en la televisión inglesa, lo colocó ante una experiencia muy difícil de interpretar:

> Aún no estoy seguro de lo que realmente capté de todo aquel flujo. Creo que registré algunos acontecimientos como sucesos de una película equivocada, y algunos personajes en comerciales como si estuvieran involucrados en los episodios de la película, en lo que parecía ser –para todas las disparidades ocasionales y bizarras– un único e irresponsable flujo de imágenes y sentimientos (Williams, 2016, p. 102).

Lo que aparece en su noche en Miami como una inquietud, un aturdimiento, le ofrece a Williams la posibilidad de observar transformaciones en la experiencia televisiva y percibir "una calidad de flujo que nuestro vocabulario recibido de respuestas y descripciones aisladas no reconoce fácilmente" (Williams, 2016, p. 103). El autor evidencia que, en los sistemas de comunicación anteriores a la televisión, la experiencia se constituía por la relación con productos aislados, como un libro, una obra de teatro, un concierto, experiencia que fue incorporada en la historia inicial de la TV, como una experiencia heredada de esta tradición. La forma en que nos referimos a un programa de televisión es significativa de esta herencia, "con sus bases tradicionales en el teatro y las salas de conciertos" (Williams, 2016, p. 98). Sin embargo, Williams ya vislumbra también cierta tendencia a variaciones e hibridaciones de forma en la comunicación, lo que se muestra, por ejemplo, en el almanaque, en la revista o en los periódicos modernos que componen una miscelánea "no solo de nuevos elementos a menudo no relacionados, sino de atracciones, anécdotas, dibujos, fotografías y anuncios" (Williams, 2016, p. 97).

La idea de rejilla de programación todavía retiene la perspectiva de una serie de unidades aisladas, con programas e intervalos comerciales definidos, pero el modo cotidiano como hablamos "mirar la televisión" ofrece pistas de otra experiencia con la televisión y no más con sus programas aislados. Se articula otro cambio, en la idea de intervalo, pues a partir de la creación de programas patrocinados por anunciantes, que incorporan el comercial en su propia concepción, o de la exhibición de *trailers* de películas a lo largo de la programación, la noción de interrupción "se ha vuelto inadecuada" (Williams, 2016, p. 100).

Los cambios en las estructuras sociales y económicas y en los modos de organización del sistema de radiodifusión –como mayor movilidad, expansión del consumo, mayor competencia entre las emisoras– se articulan con cambios en la experiencia televisiva. Vividas en aquel momento, como aturdimiento, tensión, inquietud, por Williams, por otros espectadores, estaban allí, en solución, aún no plenamente reconocidas. Como *modificaciones de presencia*, pueden ser difíciles de reconocer, difíciles de nombrar, pero constituyen los desafíos que el análisis cultural tiene que afrontar. La calidad de flujo que marca nuestra experiencia con la televisión es "la característica que define la radiodifusión simultáneamente como una tecnología y una forma cultural" (Williams, 2016, p. 97). En este sentido, para Williams, afirmar que la televisión es al mismo tiempo tecnología y forma cultural es evidenciar que esta organiza nuestra experiencia de nuevas y diferentes formas.

4. Conclusiones: compromisos afectivos y flujos audiovisuales en la red

Vimos que, en Raymond Williams y Edward Palmer Thompson, las experiencias se toman en sus dimensiones afectivas, articulan pensamiento y sentimiento, razón y emoción. Así, las experiencias no se configuran como una dimensión aislada del pensamiento, sino que, por el contrario, afirman la condición necesaria de la articulación entre el sentir, el pensar y el actuar, lo que en otros términos quiere decir vivir. Ellos enfatizan las experiencias en su calidad de presencia, es decir, mientras son vividas, poniendo atención sobre las experiencias *en solución*, las experiencias que aún no se han cristalizado. Es en este sentido que podemos entender la experiencia como "el más pleno, abierto y activo tipo de conciencia" (Williams, 2007, p. 172) o como una conciencia afectiva (Thompson, 1981, 1987). Podemos decir que la experiencia se configura tanto en Williams como en Thompson como un recurso para la esperanza (Williams, 2015b) y para las luchas por la libertad (Thompson, 1987). La experiencia gana densidad como una fuerza activa y transformadora. Desde el punto de vista del análisis de la comunicación, la experiencia articula cambios tecnológicos y formas culturales, lo que, en la radiodifusión, evidencia un cambio en la experiencia comunicacional hacia una calidad de flujo, y no más por la experiencia con productos aislados.

Raymond Williams y E. P. Thompson tienen aún en común la articulación entre vida personal, vida intelectual y vida política. La convocatoria a la noción de experiencia pasa por el compromiso de ambos autores con el enfrentamiento al capitalismo, y sus trabajos se caracterizan por una perspectiva comprometida en la que sus propias experiencias se articulan en los debates e investigaciones sobre la cultura inglesa, el marxismo, el socialismo y, más específicamente en el caso de Williams, la comunicación. La atención a sus propias experiencias configura a menudo la puerta de entrada para la observación de las prácticas culturales.

Mis investigaciones en comunicación han sido atravesadas por estas cuestiones de distintas maneras, en diferentes momentos, asumiendo diversos tonos: el énfasis en la recepción como lugar de observación de la experiencia comunicacional (Gomes, 1995, 2004); el enfoque del género como una estrategia analítica que permitiría el reconocimiento de las regularidades y especificidades de formas culturales/televisivas y el reconocimiento de un modo diferente de configurar la experiencia comunicativa (Gomes, 2007, 2011a, 2011b); el enfoque de las historicidades comunicacionales a través de la estructura del sentimiento; y el análisis de las disputas y transiciones en las convenciones como una forma de acceder a la emergencia de nuevas características que disputan el consenso tácito que tenemos alrededor de los procedimientos, normas, formatos y géneros del periodismo televisivo, de la televisión, del audiovisual (Gomes, 2012). En un sentido más amplio, mi comprensión de los procesos de cambio cultural y de los vínculos entre cultura y tecnología tal como configurados en productos y procesos comunicacionales audiovisuales es claramente deudora del "problema de la emergencia cultural", como lo analiza Raymond Williams en su enfoque de la estructura del sentimiento y la configuración de la experiencia como modificaciones de presencia.

Además, las inversiones de Williams y Thompson en la dimensión afectiva de la experiencia y la comprensión de la calidad de flujo de la experiencia televisiva se han desdoblado en otras apuestas de investigación que me gustaría indicar aquí. El reconocimiento de la dimensión de la experiencia en Raymond Williams y E. P. Thomson implica una postura afectiva y experimentalmente empírica con respecto al mundo para encontrar las condiciones bajo las cuales se produce el cambio. En estos términos, la experiencia no se reduce ni a ideología o ideas, ni a representación, y se acerca más a las nociones de afecto, pertenencia, intensidades. Aquí es importante destacar la dimensión del afecto en la consideración de las relaciones históricas, la articulación sentimiento-pensamiento en el enfoque de la experiencia y el ámbito de los afectos como fuerzas actuantes del cambio.

Exploramos las potencias para pensar la comunicación a partir de las relaciones entre estructura de sentimiento y afecto en otros momentos (Gomes; Antunes, 2019). Junto con Lawrence Grossberg (1992, 2010a, 2010b, 2018), entendemos que estructura de sentimiento se refiere a aquellos elementos que están siempre presentes en la comunicación, pero que no son capturados por nociones de ideología, significado o representación. Es en esta especie de brecha entre lo que puede ser traducido como significativo o cognoscible y lo que es vivible que él localiza el afecto (Grossberg, 2010b, p. 318) como una fuerza que intenta transformar nuestros mapas de importancia. Es en este sentido que los afectos son políticos, dicen cómo formamos alianzas afectivas y políticas, cómo nos involucramos en las posibilidades de transformación.

Grossberg retoma a Raymond Williams y nos propone pensar las estructuras de sentimiento como puntos de articulación entre lo que ya es conocido y experimentado y la aparición de nuevas experiencias que aún no pueden ser expresadas e investiga los modos en que estas definen las ecologías de pertenencia y posibilidades de cambio.

> Un paisaje afectivo describe una forma social compleja de estar en el mundo, un espacio densamente texturizado en el que algunas experiencias, comportamientos, elecciones y emociones son posibles, algunos "sentimientos" inevitables y obvios, y otros que aún son imposibles o inimaginables. Define lo que está permitido y lo que está prohibido. Es ahí donde se lleva a cabo la lucha para hacer experiencias nuevas y emergentes, viables y conocibles (Grossberg, 2018, p. 91).

Otra apuesta que hago desde la noción de experiencia se configura como intensificaciones de la comprensión de flujo. Creo que lo que Williams percibía en los años 70 como un cambio en la experiencia televisiva, acarreado por la calidad de flujo de la televisión, se ha consolidado efectivamente como una transformación más amplia en nuestra experiencia comunicacional. La idea de flujo audiovisual en red, en nuestra formulación, intenta captar estas transformaciones y ofrecer una clave para abordar la experiencia que caracteriza nuestra relación con el entorno tecno-comunicativo. Surge de una articulación entre las nociones de flujo televisivo, de Raymond Williams, y la de flujos de imágenes tal como la formula Jesús Martín-Barbero (Martín-Barbero, 2009; Martín-Barbero; Rincón, 2019) en sus discusiones sobre las mutaciones culturales y tecnológicas que configuran este momento que vivimos, el de un ecosistema tecno-comunicativo.

Un aspecto central para la comprensión del entorno tecno-comunicativo es que engendra la conectividad de manera estratégica. Disputando concepciones hegemónicas de convergencia digital, que acentúan una supuesta transparencia comunicativa de la técnica, Martín-Barbero argumenta por una convergencia cultural, en la que la conectividad puede ser entendida como forma cultural. La noción de red cultural sería, por tanto, "la figura de la convergencia hoy" (Martín-Barbero, 2014, p. 31). La red es el modo en que el mundo natural, social y político configura el ecosistema tecno-comunicativo (cf. Martín-Barbero; Rincón, 2019, p. 23). Desde la concepción de entorno tecno-comunicativo, Juliana Gutmann problematiza las nomenclaturas que utilizamos para hablar de la comunicación actualmente, convergencia digital entre ellas, y propone la idea de audiovisual en red para trabajar con el audiovisual en circulación en las ambientaciones digitales, "múltiple, heterogéneo, conectado" (Gutmann, 2021, p. 64).

Otra cuestión relevante que traemos de Martín-Barbero es que, en el entorno tecno-comunicativo, las tecnicidades conectan identidades, lo que contribuye a mirar los flujos audiovisuales en su dimensión política, como una articulación de compromisos afectivos e identitarios, abriéndonos a otros mapas de importancia. En su análisis de las mutaciones que vivimos a principios del siglo XXI, Martín-Barbero propone que las mediaciones sean vistas como transformaciones de tiempos y espacios, a partir de dos grandes movimientos: *las migraciones poblacionales* y *los flujos de imágenes*. Los flujos (virtuales, de imágenes e información) deben ser pensados conjuntamente con las migraciones, y las tecnicidades articuladas con las identidades, dos mediaciones que constituyen el mapa de las mutaciones. Los flujos, en Martín-Barbero (2014, p. 24), están asociados a la idea de que la tecnicidad se ha vuelto estructural. Y aquí destacamos que tecnicidad es menos del orden de aparatos técnicos y más del orden de las articulaciones entre tecnología, lenguaje y percepción. Al mismo tiempo, la tecnicidad se aproxima, en el mapa de las mutaciones, a las identidades: "La tecnicidad está en el mismo nivel de la identidad, colectividad [...]. Vinculo tecnicidad a lo que se mueve en dirección a la identidad" (Martín-Barbero, 2009, p. 9), lo que enmarca de manera profunda las interrelaciones entre comunicación y política.

Hemos ensayado desarrollar analíticamente la articulación entre flujo y afecto en diferentes perspectivas en TRACC - Centro de Investigación en Estudios Culturales y Transformaciones en la Comunicación, en mis trayectorias de investigación y en las investigaciones realizadas por estudiantes. En Gomes (2012), exploré la idea de "estabilidad en flujo" para pensar las dinámicas entre transitoriedades y reconocimiento en la configuración de los géneros en el periodismo televisivo. Ítalo Souza (2017) exploró, a partir de Raymond Williams, la noción de flujo televisivo como una forma cultural que marca la experiencia de la recepción con la televisión; en su disertación (Souza, 2020), experimentó, inspirado en el movimiento de Williams, el gesto analítico de partir de su propia experiencia como configuradora de flujos audiovisuales para comprender las prácticas contemporáneas de consumo de series televisivas, tales como la maratón y el *spoiler*. Thiago Ferreira (2021) analizó las transformaciones de políticas y afectos en Brasil a partir de un ejercicio de contextualización radical de las Jornadas de junio de 2013, tomando como lugar de entrada los flujos audiovisuales; Daniel Oliveira de Farias exploró los compromisos afectivos en la música

(Farias, 2018, 2021); en Itania Gomes et al. (2017), convocamos la noción de flujo para articular los mapas de las mediaciones y de las mutaciones culturales y observar las múltiples temporalidades y espacialidades en el análisis de videoclips y performances del dúo musical Figueroas; en Farias y Gomes (2022[1]), exploramos flujos audiovisuales de activistas indígenas para analizar afectos, territorialidades y temporalidades en Brasil.

En diálogo con estas experiencias de investigación, lo que llamo flujos audiovisuales en red articula la tecnología y la forma cultural y pone atención en la reorganización de la experiencia comunicacional en el entorno tecno-comunicativo. En este sentido, la noción de flujos audiovisuales en red desencadena la comprensión de tres dimensiones importantes de la experiencia que despuntan desde el enfoque de los estudios culturales que destacamos en este texto: la calidad de la presencia, pues el flujo busca capturar la experiencia comunicacional mientras *se vive*; la mirada atenta al poder de cambio y la dimensión del afecto como articuladora de formas culturales y compromisos con la vida.

Investigar la comunicación a través de la idea de flujos audiovisuales en red se hace mediante el análisis de formas culturales que marcan nuestra experiencia en el entorno tecno-comunicativo, lo que tiene algunas consecuencias metodológicas y procedimentales bien claras en diálogo con los esfuerzos de Williams y Thompson. Primero, no se trata de constituir *corpus* analítico a partir de productos aislados, sino de activar diferentes formas culturales del audiovisual (telenovelas, telediarios, videoclips, pódcast, animación, serie, meme, películas, vídeos de canales de YouTube, etc.) en la forma en que se articulan "en flujo" y "en red", es decir, al mismo tiempo asumiendo la conectividad en su dimensión estratégica y exhibiendo los modos inestables, múltiples, heterogéneos que conforman nuestro entorno tecno-comunicativo. Además, es a partir de nuestra experiencia en el entorno tecno-comunicativo, como sujetos sociales y políticos, como investigadores de la comunicación, que mapeamos los medios audiovisuales temporal y espacialmente marcados. Las tensiones, inquietudes, problemas que aturden nuestras experiencias como investigadores de la comunicación son por sí mismos atravesados por las formas con las que nos involucramos con nuestros fenómenos de investigación y con nuestras luchas por la vida. Podemos decir, en este sentido, que son las experiencias (de investigación, de vida, de lucha) las que construyen

---

1   Conferencia "Affects et territoires dans les flux audiovisuels indigènes au Brésil" presentada en el Séminaire de recherche Comprendre les Images et les Sons Médiatiques, CEISME/ Centre d'Etude des Images et des Sons Médiatiques, Paris, Université Sorbonne-Nouvelle en 07 de enero de 2022.

los flujos audiovisuales en red. Nuestros compromisos afectivos indican los espacios problemáticos que se enfrentarán.

El enfoque de la comunicación a través de los flujos audiovisuales en red permite acoger, en el campo de la comunicación, los procesos de compromiso y luchas identitarias de la contemporaneidad, en las que las condiciones concretas de la experiencia son lugares de conocimiento y lucha política. Como estrategia analítica, enriquece la noción de experiencia vivida en sus dimensiones afectivas, políticas y transformadoras, como hemos visto aparecer en Williams y Thompson: experiencias, incluidas nuestras experiencias de investigación, son modos de sentir-pensar el mundo; formas de hacer y ver el audiovisual.

Referencias

BÉRUBÉ, Michael. Experience. *In*: BENNETT, Tony; GROSSBERG, Lawrence; MORRIS, Meaghan (ed.). *New Keywords*. A revised vocabulary of Culture and Society. Oxford/England: Blackwell Publishing, 2005, pp. 121-123.

FARIAS, Daniel Oliveira de. *Disputas afetivas políticas em torno do BaianaSystem*: gêneros, territórios e experiências no contexto de Salvador-BA. 2018. Trabalho de Conclusão de Curso (Graduação em Comunicação Social) – Universidade Federal da Bahia, Salvador, 2018.

FARIAS, Daniel Oliveira de. *Engajamentos afetivos na música em Salvador*: territorialidades que articulam gêneros musicais e identidades. 2021. Dissertação (Mestrado em Comunicação e Cultura Contemporâneas) – Universidade Federal da Bahia, Salvador, 2021.

FARIAS, Daniel Oliveira de; GOMES, Itania Maria Mota. Fluxos ativistas indígenas: instabilizando a hipótese da guerra cultural a partir de afetos, territorialidades e temporalidades no Brasil. *Revista ECO-PÓS*, Rio de Janeiro, v. 24, pp. 277-308, 2021. Disponible en https://revistaecopos.eco.ufrj.br/eco_pos/article/view/27721. Acceso en 10 oct. 2022.

FERREIRA, Thiago Emanoel. *Transformações de políticas e afetos no Brasil*: contextualizando radicalmente Junho de 2013 em fluxos audiovisuais. Belo Horizonte: Selo PPGCOM/UFMG, 2021.

GOMES, Itania Maria Mota. *Ingenuidade e Televisão*. Investigação sobre o conceito de recepção e o processo comunicativo. 1995. Dissertação (Mestrado em Comunicação e Cultura Contemporâneas) – Faculdade de Comunicação, Universidade Federal da Bahia, Salvador, 1995.

GOMES, Itania Maria Mota. *Efeito e Recepção*: a interpretação do processo receptivo em duas tradições de investigação sobre os media. Rio de Janeiro: E-Papers, 2004.

GOMES, Itania Maria Mota. Questões de método na análise do telejornalismo: premissas, conceitos, operadores de análise. *Revista E-compós*, Brasília, v. 8, pp. 1-31,

2007. Disponible en https://www.e-compos.org.br/e-compos/article/view/126. Acceso en 22 oct. 2022.

GOMES, Itania Maria Mota. Raymond Williams e a Hipótese Cultural de estrutura de sentimento. *In*: GOMES, Itania Maria Mota; JANOTTI JÚNIOR, Jeder. *Comunicação e Estudos Culturais*. Salvador: Edufba, 2011ª, pp. 29-48.

GOMES, Itania Maria Mota. Gênero televisivo como categoria cultural: um lugar no centro do mapa das mediações de Jesús Martín-Barbero. *Revista Famecos*, Porto Alegre, v. 18, n. 1, pp. 111-130, jan./abr. 2011b. Disponible en https://revistaseletronicas.pucrs.br/ojs/index.php/revistafamecos/article/view/8801. Acceso en 13 set. 2022.

GOMES, Itania Maria Mota. *Gêneros Televisivos e Modos de Endereçamento no Telejornalismo*. Salvador: EDUFBA, 2011c.

GOMES, Itania Maria Mota. Metodologia de Análise de Telejornalismo. *In*: GOMES, Itania Maria Mota (Org.). *Gêneros Televisivos e Modos de Endereçamento no Telejornalismo*. Salvador: EDUFBA, 2011d, pp. 17-47.

GOMES, Itania Maria Mota. Estabilidade em Fluxo: uma análise cultural do Jornal Nacional, da Rede Globo. *In*: GOMES, Itania Maria Mota (Org.). *Análise de Telejornalismo*: desafios teórico-metodológicos. Salvador: EDUFBA, 2012. v. 1., pp. 23-44.

GOMES, Itania Maria Mota *et al*. Temporalidades múltiplas: análise cultural dos videoclipes e da performance de Figueroas a partir dos mapas das mediações e das mutações culturais. *Contracampo*, Niterói, v. 36, n. 3, pp. 134-153, 2017. Disponible en https://periodicos.uff.br/contracampo/article/view/17617. Acceso en 23 ago. 2022.

GOMES, Itania Maria Mota; ANTUNES, Elton. Repensar a comunicação com Raymond Williams: estrutura de sentimento, tecnocultura e paisagens afetivas. *Revista Galáxia*, São Paulo, Especial 1 - Comunicação e Historicidades, pp. 8-21, 2019. Disponible en https://revistas.pucsp.br/index.php/galaxia/article/view/41755. Acceso en 17 mar. 2023.

GROSSBERG, Lawrence. *We gotta get out of this place*: popular conservatism and postmodern culture. London: Routledge, 1992.

GROSSBERG, Lawrence. *Cultural Studies in the Future Tense*. Durham: Duke University Press, 2010a.

GROSSBERG, Lawrence. Affect's Future: rediscovering the virtual in the actual. In: GREGG, Melissa: SEIGWORTH, Gregory J. (Ed.). *The Affect Theory Reader*. Durham, USA: Duke University Press, 2010b, pp. 309-338.

GROSSBERG, Lawrence. *Under the cover of chaos*: Trump and the Battle for the American Right. Londres: Pluto Press, 2018.

GUTMANN, Juliana Freire. *Audiovisual em rede*: derivas conceituais. Belo Horizonte, MG: Fafich/Selo PPGCOM/UFMG, 2021. (Ensaios, v. 1).

HALL, Stuart. Estudos Culturais: dois paradigmas. Trad. de Ana Carolina Escosteguy, Francisco Rüdiger e Adelaine La Guardia Resende. *In*: SOVIK, Liv (Org.).

Da Diáspora: identidades e mediações culturais. Belo Horizonte: Editora UFMG; Brasília, Representação da Unesco no Brasil, 2003, pp. 131-159.

HOGGART, Richard. *As Utilizações da Cultura*: aspectos da vida cultural da classe trabalhadora. Lisboa: Editorial Presença, 1973. v. 1 e 2.

MARTÍN-BARBERO, Jesús. As formas mestiças da mídia. Entrevista a Mariluce Moura. *Revista Pesquisa FAPESP*. São Paulo, set. 2009. Disponible en https://revistapesquisa.fapesp.br/as-formas-mesticas-da-midia/. Acceso en 02 nov. 2022.

MARTÍN-BARBERO, Jesús. Diversidade em convergência. *Revista Matrizes*, São Paulo, v. 8, n. 2, pp. 15-33, 2014. Disponible en https://www.revistas.usp.br/matrizes/article/view/90445. Acceso en 23 ene. 2023.

MARTÍN-BARBERO, Jesús; RINCÓN, Omar. Mapa Insomne 2017. Ensayos sobre el sensorium contemporáneo, un mapa para investigar la mutación cultural. *In*: RÍNCON, Omar; JACKS, Nilda; SCHMITZ, Daniela; WOTTRICH, Laura. (org.). *Un nuevo mapa para investigar la mutación cultural*: diálogo con la propuesta de Jesús Martín-Barbero. Quito: CIESPAL, 2019, pp. 17-24.

SOUZA, Ítalo Cerqueira de. *Atualidades do conceito de fluxo televisivo, de Raymond Williams*. 2017. Trabalho de Conclusão de Curso (Graduação em Comunicação) – Universidade Federal da Bahia, Salvador, 2017.

SOUZA, Ítalo Cerqueira de. *"Faça maratona, não dê spoilers"*: práticas contemporâneas de consumo em fluxos audiovisuais. 2020. Dissertação (Mestrado em Comunicação e Cultura Contemporâneas) – Universidade Federal da Bahia, Salvador, 2020.

THOMPSON, Edward Palmer. *A miséria da teoria*. Ou um planetário de erros: uma crítica ao pensamento de Althusser. Rio de Janeiro: Zahar Editores, 1981.

THOMPSON, Edward Palmer. *A formação da classe operária inglesa*. Rio de Janeiro: Paz e Terra, 1987.

WILLIAMS, Raymond. *The Long Revolution*. Harmondsworth: Penguin, 1961.

WILLIAMS, Raymond. *Marxismo e Literatura*. Trad. de Waltensir Dutra. Rio de Janeiro: Zahar Editores, 1979.

WILLIAMS, Raymond. *Palavras-chave*: um vocabulário de cultura e sociedade. São Paulo: Boitempo Editorial, 2007.

WILLIAMS, Raymond. *O campo e a cidade*: na história e na literatura. São Paulo: Companhia das Letras, 2011.

WILLIAMS, Raymond. *A política e as letras*: entrevistas da New Left Review. São Paulo: Editora UNESP, 2013.

WILLIAMS, Raymond. A cultura é algo comum. *In*: WILLIAMS, Raymond. *Recursos da Esperança*: cultura, democracia, socialismo. São Paulo: Editora UNESP, 2015a, pp. 3-28.

WILLIAMS, Raymond. *Recursos da Esperança*: cultura, democracia, socialismo. São Paulo: Editora UNESP, 2015b.

WILLIAMS, Raymond. *Televisão*: tecnologia e forma cultural. São Paulo: Boitempo; Belo Horizonte: PUC Minas, 2016.

CAPÍTULO 3

Experiencia y comunicación

Márcio Souza Gonçalves

FCS-UERJ

BECA DE PROCIENCIA UERJ-FAPERJ

A partir de siete puntos elementales o fundamentales, se esboza aquí una propuesta de comprensión de las *experiencias*, de la que pueden derivarse tanto investigaciones empíricas como reflexiones puramente teóricas. Estos puntos se expresarán de forma sucinta y directa y se articularán a medida que avance la argumentación. Teniendo en cuenta que los términos "comunicación" y "experiencia" tienen infinidad de significados, en lo que sigue hemos optado, obviamente, por una determinada vía, posible, entre otras.

Los de los términos centrales de esta discusión, *comunicación y experiencia*, se presentarán en cursiva para destacar su uso de manera idiosincrásica y el hecho de que deben comprenderse relacionándose entre sí.

1. Comunicación, experiencia y sus condicionantes

Tomemos dos sentidos diferentes y corrientes de la palabra *experiencia*. Por un lado, hablamos de *experiencias* de laboratorio, *experiencias* científicas, realizadas bajo condiciones controladas. Estas *experiencias* implican de alguna manera la manipulación de variables para que se establezcan correlaciones entre las variables manipuladas y otras variables relevantes, manteniendo constantes los elementos involucrados. Así, por ejemplo, se administra a un grupo un cierto medicamento –una variable siendo manipulada– y se verifica el efecto sobre un cuadro patológico; se administra a otro grupo, similar al primero, un placebo y se verifica su efecto sobre la patología; por último, se establece una correlación estadística entre las variables manipuladas y los resultados obtenidos, correlación que indica en última instancia, la eficacia o no del medicamento.

Por otro lado, podemos utilizar *experiencias* para referirnos a nuestra vivencia del mundo cotidiano, del mundo concreto de cada día, como, por ejemplo, cuando hablamos de una cena en un restaurante como una *experiencia* gastronómica, o de ver una película en el cine, o ir a la playa, o de la *experiencia* de vida. Son estas *experiencias*, en su conjunto, que componen el día a día, nuestra vida no es más que un conjunto de *experiencias* que atravesamos. Nuestra vida despierta o no, porque un sueño es una *experiencia*.

Para lo que aquí importa, en ambos sentidos descritos anteriormente, la *experiencia* y la *comunicación* están inextricablemente unidos.

En cualquier *experiencia* de laboratorio, los procesos de comunicación son una condición para que las *experiencias* se organicen, se desarrollen y, sumamente importante, se divulguen para una posible verificación por pares. A un nivel elemental operan allí la conversación, el intercambio de mensajes mediado digitalmente; a un nivel más general, las revistas de divulgación científica, que tan gran papel han desempeñado y desempeñan en la constitución y práctica de lo que se denomina ciencia. Entre estos dos niveles, un inmenso continuo persiste. Las *experiencias* de la vida cotidiana, obviamente, no son posibles sin procesos de *comunicación*, en grados tan variados como las *experiencias* de laboratorio: hablamos, enviamos mensajes, consumimos medios masivos y así sucesivamente.

Esta inextricabilidad entre toda y cualquier *experiencia* y procesos de *comunicación* permite enunciar una primera proposición básica.

- *Primer punto fundamental: la comunicación es siempre experiencia y no hay experiencia sin comunicación.*

Pasemos inmediatamente al segundo, que se refiere específicamente a uno de los aspectos.

- *Segundo punto fundamental: toda experiencia depende de condiciones para existir, o toda experiencia está condicionada.*

Las *experiencias* científicas tienen una infinidad de condicionantes, de infraestructura, financiación, personal, pero también condicionantes impuestos por los equipos utilizados, por los paradigmas dominantes (Kuhn, 2001), por las condiciones contingentes de realización (adhesión de voluntarios a un ensayo de medicamento, por ejemplo), esta lista sumaria puede continuar aún mucho tiempo detallando todo lo que condiciona antes, durante y después la realización de *experiencias* científicas. Lo mismo va a ser válido para las *experiencias* que constituyen nuestra vida concreta, que también están condicionadas por factores grandes y pequeños, como, por ejemplo, clase social, ubicación geográfica, nivel educativo, identidad, idiosincrasias vinculadas a la historia personal de cada uno y así sucesivamente. Recordemos el viejo adagio de que el mismo libro –leído por dos personas diferentes o por una persona en dos momentos diferentes o en dos ediciones diferentes, etc.– engendra diferentes procesos de lectura y producción de sentido (Gonçalves, 2018). Así, en definitiva, tanto la *experiencia* de laboratorio como la cotidiana están condicionadas por elementos que les son anteriores y externos, condicionantes sin los cuales las *experiencias* no podrían existir. Considérese que, si se retiran, idealmente, todos los condicionantes, toda y cualquier *experiencia* se vuelve imposible, no pueden darse en el vacío infinito de un presente sin tiempo.

La tesis que sostiene que toda *experiencia* tiene condicionamientos es, en el fondo, y por más erudita que pueda eventualmente parecer, una tesis trivial y que nada añade, en sí misma, a una aproximación del problema. La cuestión que de ella se plantea, por otra parte, es bastante prometedora en términos de consecuencias teórico-prácticas. Es la siguiente: cómo comprender estos condicionamientos, cómo comprender las condiciones de posibilidad de todas las *experiencias*, cómo teorizar lo que precede a las *experiencias* y las hace posibles.

Se trata, evidentemente, de una pregunta antigua y que ya ha recibido diversas y variadas respuestas. La más famosa es probablemente la dada por Kant (2011) y se basa, en definitiva, en la idea de que la sensibilidad, el entendimiento y la razón (todos los términos en el sentido kantiano) funcionan como condicionantes de todas las *experiencias* posibles y, por consiguiente, de todo el conocimiento posible. La *experiencia* del mundo sensible, por ejemplo, estaría condicionada primordialmente por las formas puras del espacio y del tiempo. Nuestro conocimiento no sería, por tanto, un conocimiento de las cosas en sí mismas, sino solo de las cosas tal como aparecen y existen a través de los condicionantes fundamentales de nuestra subjetividad.

2. Tiempo

Nuestra reflexión en torno a los condicionantes de las *experiencias* sigue un camino diferente, apostando en la idea de que el modo como vemos y concebimos el tiempo es esencial para una buena comprensión de los condicionamientos experienciales. Desde la comprensión del tiempo, será posible, como veremos, una generalización al conjunto de los elementos condicionantes de las *experiencias*.

Situemos, arbitrariamente y con el fin de avanzar en la discusión que nos interesa y, por tanto, sin la pretensión de exhaustividad, dos modos fundamentales de comprender el tiempo.

El primero lo llamamos *epocalismo* (Gonçalves; Clair, 2014) y consiste en comprender el tiempo y su paso, la temporalidad, la historia como una sucesión de épocas distintas entre sí e internamente homogéneas.

Hay varios autores y teorías que trabajan de modo *epocalista*. Tomemos al azar una de estas perspectivas, la que comprende la historia humana, hasta la actualidad, como dividida en tres épocas sucesivas: premodernidad, modernidad y posmodernidad.

La premodernidad queda a veces implícita en teorías que tratan de la relación entre modernidad y posmodernidad, a veces mencionada explícitamente como período anterior a los dos últimos. Se caracterizaría, en general, por un modo de existir holista, comunitario, tribal, en el que la noción de individualidad, de existencia independiente, estarían ausentes. Además, estaría marcada por un predominio de los aspectos emocionales sobre los racionales, de modo que en última instancia existir es fusionarse en una comunidad fuerte de lazos emocionales dominantes.

La modernidad habría roto este ciclo holista y comunitario en favor del individualismo y, correlativamente, de un dominio de la razón sobre los datos emocionales de la existencia. Emergería fuertemente una conciencia de la independencia de los sujetos respecto a los grupos, condición y efecto, en una causalidad circular, del dominio de la racionalidad. Desde el punto de vista geopolítico, los Estados nación serían el correlato de los cambios en la individualidad.

En un movimiento aparentemente, pero no exactamente dialéctico, la posmodernidad rompería la lógica moderna a favor de un retorno al colectivismo, al holismo, al tribalismo, pero ya no un holismo puro premoderno, sino más bien un holismo en el que persiste, dentro de la tribu, la individualidad. Igualmente, la emoción regresaría y se romperían los supuestos grilletes de la razón, del orden, de la disciplina. El sujeto ya no se definiría por la razón, por los límites que lo separarían de los demás y de la naturaleza, sino como que perdería sus fronteras, se hibridaría, las identidades se volverían fluidas, móviles y así sucesivamente.

La historia sería, como hemos visto, la sucesión lineal de la premodernidad, la modernidad y la posmodernidad. Estas tres épocas serían distintas entre sí, cualitativamente diferentes, es decir, cada una con sus propios rasgos. Pero, otro aspecto importante, es que serían internamente homogéneas, lo que significa que todas las sociedades modernas y sus sujetos serían similares entre sí, desde el punto de vista de las características esenciales indicadas anteriormente, valiendo lo mismo para las premodernas y las posmodernas.

Como hemos indicado anteriormente, este esquema general *epocalista* existió y existe en diferentes versiones, dependiendo del autor, la teoría o la escuela en acción, de modo que los términos y número de épocas, así como sus características distintivas, pueden ser otros. Pero a pesar de las opciones semánticas, el esquema fundamental permanece el mismo, siendo siempre las épocas cualitativamente distintas entre sí e internamente homogéneas. Se trata, esencialmente, de un esquema lineal, en el que la línea secuencial está compuesta por las sucesivas épocas. Más que lineal, se trata de un pensamiento unilineal, en el que solo hay una línea.

El paradigma alternativo que proponemos trabaja con un enredo de líneas en lugar de una sola, por tanto, trabaja con varias líneas temporales diferentes. Tomemos un ejemplo para facilitar la exposición, un ejemplo comunicacional, el de los objetos que presentan textos (oralidad, tablillas de arcilla, rollos de papiro, códices de pergamino, papel, etc.). Seremos concisos en el tratamiento del ejemplo. Un enredo de tiempos, de líneas temporales, conforma la historia de los objetos de presentación del texto. Debido a las limitaciones de espacio, solo algunas serán tratadas a continuación.

Una primera línea es la que implica la materialidad, la materia prima que compone la presentación: las ondas sonoras, en el caso de la oralidad, la arcilla, los trozos de madera, el papiro, el pergamino, las tarjetas de memoria son los diversos elementos que componen esta línea y que no necesariamente se suceden, existiendo varias coexistencias.

Además, podemos pensar, en el caso de los objetos escritos, en el tipo de escritura: ideográfica, silábica, alfabética, alfabética con codificación binaria, siendo las principales. De nuevo podemos tener coexistencias y no solo sucesiones.

En tercer lugar, podemos considerar la conformación material del objeto: libro en rollo, en acordeón, códice, teléfono móvil, lector de libros digitales, etc. Nuevamente pueden ocurrir coexistencias.

Otra línea a considerarse es la del modo de producción: en términos de oralidad, el modo de producción implica memorización y elocución; en el caso de los textos escritos, tenemos: producción manuscrita, impresa, digital, con diversas coexistencias y mezclas señaladas por diferentes autores (por ejemplo, Barbosa, 2017).

Aumentando nuestro nivel de detalle de la discusión, podemos pensar, en términos de textos escritos, en la forma de estructuración del texto en la página, lo que en sí ya es un universo: separación o no de palabras, puntuación, separación en párrafos, foliación, paginación, presencia de paratextos, etc. Un universo del que sería absolutamente inapropiado pensar en términos de sucesión, siendo innumerables los ejemplos de coexistencias.

Esta enumeración de las diversas líneas que componen la temporalidad podría continuar, pero paremos por aquí, pues lo que se ha indicado arriba es suficiente para que se perciba la complejidad del problema. En primer lugar, tenemos no una línea, sino varias. Además, la temporalidad no se escande de la misma manera en todas las líneas: la línea del tipo de escritura, por ejemplo –cuyos cortes importantes son la invención de la escritura propiamente dicha, la de los silabarios, la del alfabeto–, existen cortes diferentes de línea en el modo de producción –para manuscrito, impreso, impresión industrial–, digital. Cuantas más líneas consideramos, más enredada se vuelve la situación.

Se considera, además, que la innovación en una línea se hace sobre las permanencias en otras líneas: la innovación en el formato, con el paso de los rollos a los códices, sucede sobre la permanencia de la escritura alfabética y del modo de producción; la innovación de la producción impresa sobre la permanencia de la escritura, el formato del códice y así sucesivamente.

La temporalidad de un objeto de presentación de texto, en suma, no es la de una única línea que se despliega según una secuencia lineal (con la redundancia que este término comporta en este caso), como expresa el modo de teorización *epocalista*, sino que es más bien la coalescencia de una serie de líneas, cada una según su tiempo idiosincrásico, que no se recobren armoniosamente. A la línea simple del *epocalismo*, se opone aquí a un enredo no *epocalista*.

Esto tiene una obvia consecuencia para la comprensión de cómo se piensa el cambio histórico. Esto es concebido por el *epocalismo* como la sucesión de épocas distintas e internamente homogéneas. Lo que se propone aquí es la comprensión del cambio como un reordenamiento, a partir de la introducción de una nueva línea o de una escansión en una línea existente, del enredo.

Así, por ejemplo, la invención de la imprenta debe entenderse, como hemos visto, a partir de la permanencia del formato códice, las expectativas de los lectores, el tipo de texto en circulación; los primeros impresos mimetizaban perfectamente los manuscritos, formalmente hablando, publicando los mismos tipos de texto y satisfaciendo a los mismos lectores; lentamente la novedad del modo de producción actúa sobre las otras líneas, reorganizando el formato, con la estandarización de los sistemas de puntuación, entre otros, cambiando las expectativas de los lectores y los tipos de texto publicados y así sucesivamente. De este modo, la novedad tecnológica llamada imprenta afecta inicialmente a la línea del modo de producción y posteriormente lleva a un reordenamiento de otras líneas.

En definitiva, contraponemos a la comprensión lineal *epocalista* del tiempo, el ser diseñada a partir de las tecnologías de presentación de texto, con una visión del tiempo como entrelazamiento de varias temporalidades más o menos independientes, lo que lleva a ver el cambio histórico no como simple sucesión, sino como un proceso constante de reorganización a partir de la introducción de elementos nuevos.

3. Tiempo y experiencia

Como mencionamos anteriormente, nuestra comprensión del tiempo es la clave para una buena comprensión de los condicionantes de toda *experiencia* y, más ampliamente, la comprensión de las propias *experiencias*. Comprender los condicionantes de las *experiencias* de manera *epocalista* es trabajar con una visión lineal y sucesiva. Existirían entonces conjuntos homogéneos de condicionantes, cualitativamente diferentes unos de los otros, sucediéndose linealmente a lo largo de la historia, condicionantes premodernos, constituyendo un bloque unívoco, condicionantes modernos, posmodernos, para atenernos al ejemplo trabajado anteriormente. Habría una especie de supraordenación trascendental de los condicionantes, una extraña forma de armonía, que los haría existir como bloques homogéneos y unívocos. Se trata de una visión al mismo tiempo determinista y generalista: determinista, pues considera que, dados los condicionantes modernos, por ejemplo, las *experiencias* se determinan de esta manera; generalista, porque reduce la complejidad de todas las sociedades a una forma de condicionamiento general, trascendental, que abarca todo.

A partir de esto, las propias *experiencias* se conciben de manera plana y unidimensional, perdiendo toda la contingencia y apertura que, en principio, deberían caracterizarlas. Así, dados los condicionantes modernos, siguen las *experiencias* modernas, todas ellas similares entre sí y distintas de las pre y posmodernas, nuevamente comprendidas en un carácter de generalidad excesivo y violento. La riqueza y la variabilidad de las *experiencias* humanas, la singularidad e idiosincrasia que las caracterizan, y al mismo tiempo su irreductibilidad, son ignoradas en favor de grandes y amplias descripciones de la *experiencia* moderna, con su individualismo, etc., como si vivir durante este período se redujera a esto, como si no hubiera una infinidad de *experiencias* diferentes dentro de la modernidad, *experiencias* de colectivización, holísticas, emotivas, y como si la propia vida no fuera esa variación constante, esa variabilidad, ese ejercicio cotidiano de producción de diferencia (Deleuze,

1988; Certeau, 1994). Teóricamente, este modo de comprensión es bastante reductor y pobre, pues sufre de una especie de ceguera para la pululación de la microhistoria, del mundo de la vida, que es efectivamente donde ocurren las *experiencias*. La teoría, afirmando una univocidad de la *experiencia*, simplemente parece ignorar la realidad.

Alternativamente, entender el tiempo como entrelazamiento lleva a otro paradigma de análisis de lo que son los condicionantes y las *experiencias*.

En primer lugar, los condicionantes: los diversos y heterogéneos condicionantes de toda *experiencia*, como visto anteriormente con el ejemplo de los objetos de presentación de texto, tienen cada uno su línea del tiempo, y si consideramos la posibilidad de un número ilimitado de condicionantes, también hay un número ilimitado de líneas temporales entrelazadas. Además, incluso con cruces e interferencias, cada línea tiene su idiosincrasia, su especificidad, de modo que la disposición total del conjunto es siempre contingente. No hay, por tanto, un grupo unívoco y cohesivo de condicionantes que definiría una época, sino más bien disposiciones y combinaciones de los diversos condicionantes, eventualmente contradictorios y en conflicto, de modo que la historicidad de las condiciones de posibilidad de las *experiencias* es contingente y abierta, no determinista, siendo imposible cualquier forma de totalización, dialéctica o no, *epocalista*.

Lo mismo ocurre con las *experiencias*: condicionadas, pero no determinadas, impredecibles, no totales, sorprendentes. Toda *experiencia* se configura, así, a partir de un agregado de capas, estratos o líneas, para seguir con la metáfora utilizada anteriormente, capas independientes, pero relacionadas, idiosincrásicas en su irreductibilidad, pero, por otro lado, entrando en ensamblajes variados con otras capas o líneas.

Enfatizamos que una cosa son los condicionantes de toda y cualquier *experiencia*, otra su real despliegue, su realización, con la apertura e imprevisibilidad que conlleva. La *experiencia* es siempre, al mismo tiempo dependiente de sus condicionantes, pero irreductible a ellos, existe una indeterminación ineludible, una apertura, que hace propiamente que exista el paso del tiempo y el cambio en la historia (de otro modo sería el eterno retorno de lo mismo). En otras palabras, toda *experiencia* es del orden del evento, del suceso, de lo que escapa a la totalización por cualquier conocimiento constituido (Badiou, 1988).

Tenemos así nuestro tercero y cuarto puntos fundamentales.

- *Tercer punto fundamental: los condicionantes de las experiencias se entrelazan de maneras complejas.*

- *Cuarto punto fundamental: hay que considerar que una cosa son los condicionantes y otra el despliegue siempre singular de la experiencia.*

Obviamente, ante esta contingencia y ante la imposibilidad de determinar a priori las formas de entrelazamiento, se presenta una cuestión interesante, específicamente en lo que concierne a los procesos comunicacionales, que constituye nuestro quinto punto fundamental. Se trata de una pregunta:

- *Quinto punto fundamental: para las situaciones o experiencias que involucran centralmente medios de comunicación, ¿cómo se entrelazan los elementos?*

Como hemos dicho, estos entrelazamientos son contingentes, no se puede determinar a priori lo que efectivamente se realizará. Esta contingencia, evidentemente, impide que se tenga de antemano, como establecido, cualquier principio general en lo que concierne a los entrelazamientos entre medios de *comunicación*, cultura y subjetividad. No es posible, por tanto, crear una regla general sobre los medios y sus efectos culturales y subjetivos. En cambio, se debe, en cada caso, en cada situación específica, cartografiar cómo los ensamblajes tienen lugar, qué los preside, qué efectos producen. Un mismo medio en dos contextos diferentes puede llevar a resultados francamente divergentes. Pensemos, por ejemplo, en la imprenta en China, mucho anterior a Gutenberg, y en Europa: el modo mecánico de hacer libros ganó existencias totalmente diversas en función del contexto social y subjetivo.

En lo que concierne a los medios de *comunicación*, sin importar cómo se defina medio, siempre es importante, para contextos de análisis específicos, determinar cómo los nuevos medios se articulan con los medios anteriores, con el contexto, con los agentes humanos. No es posible establecer reglas generales que se aplicarían a un medio dado en cualquier situación, reglas del tipo "la escritura engendra racionalidad".

El paradigma de enfoque de las *experiencias* comunicacionales así diseñado, funciona como una herramienta conceptual, como un eje teórico para el análisis de casos concretos, de *experiencias* específicas, sin lo cual toda la discusión se pierde en abstracciones inútiles. En los análisis concretos, un aspecto es relevante.

- *Sexto punto fundamental: la escala de análisis es importante.*

Considerándose que toda *experiencia* es múltiple: "la" *experiencia* de una manifestación política, detrás del artículo definido que la presenta, es más profundamente un agregado de *experiencias*, dependiendo entre otras cosas de la escala de análisis que se adopte. Es posible un análisis del conjunto de la manifestación: su sentido dentro del ambiente político, su despliegue global, la cobertura mediática que recibió, los efectos sociales o políticos que produjo y así sucesivamente. Es posible un análisis de subgrupos dentro de la manifestación: por ejemplo, un grupo de amigos adolescentes que por primera vez en la vida participan de tal acción, un grupo que tiene motivaciones no necesariamente de conciencia social, que se convierte de cierto modo en un adulto yendo a manifestarse, que se siente más unido o refuerza sus vínculos frente a un supuesto enemigo político común, etc. Es posible aún (y no estamos siendo exhaustivos) pensar la *experiencia* de la manifestación desde un punto de vista individual: la motivación del adolescente, sus sentimientos y sensaciones, los efectos de la participación en su vida social, en su psicología, en su vida familiar...

Puede verse, por tanto, que una marcha de manifestación política, entendida como *experiencia*, es, para retomar la expresión que mencionamos antes, un agregado de *experiencias*, dependiendo de la escala en la cual se aborda la cuestión: una escala global, media, micro, y entre estos tipos ideales hay uno continuo. Cada uno de estos campos de análisis, y son potencialmente infinitos, es un campo de *experiencia*, es una *experiencia* que se despliega. Nuestro adolescente ficticio, yendo a la marcha, participa no de una, sino de varias *experiencias*, individualmente, como miembro del grupo de amigos, como participante de la marcha.

La novela *Moby Dick,* de Herman Melville (1988), nos permite abordar el séptimo punto que consideramos fundamental (para nuestro análisis de la novela, véase Gonçalves, 1994). Se trata de la caza, emprendida por el capitán Ahab, a una ballena blanca, Moby Dick, que termina con el hundimiento del ballenero Pequod y la muerte de Ahab y de toda la tripulación, excepto un marinero de menor importancia que sobrevive. Ismael, que así se puede llamar a este superviviente único, es precisamente el narrador, un narrador cuyo verdadero nombre desconocemos. El aspecto que importa es el siguiente: si todos hubieran muerto realmente, incluso Ismael, la *experiencia* toda no habría "sucedido" en la medida en que habría quedado enterrada en el fondo de las aguas oceánicas; la *experiencia* de la caza sólo existe porque se cuenta, se narra, lo que supuso, en la obra, la supervivencia de Ismael. Desde un punto de vista más profundo, se puede traducir este ejemplo literario en la tesis de que toda *experiencia* existe como sentidos y consecuencias de esos sentidos y que, por tanto, una *experiencia* que de alguna manera no produce sentido no existe. Nótese, y el punto es importante, que el sentido, como explicó Deleuze (1974), no puede reducirse a una designación, expresión o significación, y que, por tanto, cualquier intento de comprensión de sentido como una forma de cálculo proposicional cartesiano es absolutamente reduccionista y simplista. El sentido, más profundamente, y esta es su lógica, se articula con el *non sense*, con la paradoja, etc. Nótese, en segundo lugar, que la narración puede adoptar diferentes formas, incluso una forma interna, en la que el sujeto se narra a sí mismo la *experiencia* que ha vivido y de una forma u otra produce sus consecuencias. Así,

- *Séptimo punto fundamental: contar o narrar la experiencia y producir sus sentidos es hacerla existir.*

A partir de estos siete puntos que consideramos fundamentales, nos parece posible emprender estudios de casos concretos de *experiencias*, prestando atención a esta doble perspectiva: por un lado, tratando los elementos condicionantes que actúan siempre de forma contingente; por el otro, investigando cómo el despliegue de la *experiencia* produce sentido y efectos. Por tanto, lo que se hizo anteriormente es el diseño de un paradigma de comprensión que debe complementarse con investigaciones empíricas.

Para finalizar nuestro breve ensayo, algunas referencias concretas que pueden enriquecer la discusión.

Freud, a lo largo de toda su obra, nos brindó una de las más profundas contribuciones, con la invención del psicoanálisis, para la comprensión de las *experiencias*. La cuestión del sentido es especialmente importante, como lo es la idea de que cada *experiencia* es singular y única.

Varios estudios monográficos de microhistoria, que tratan de casos singulares e idiosincrásicos, pueden servir como ejemplos positivos de la cartografía de *experiencias* (el más famoso es probablemente el estudio de Ginzburg (1987) sobre el molinero Menocchio).

La noción de "mundo de la vida" propuesta por Schutz (1970), así como la de "cotidiano" de Certeau (1994), que ya hemos mencionado anteriormente, se configuran como otras dos referencias de valor para la comprensión del universo de las *experiencias*. En definitiva, se puede decir que el mundo de la vida y cotidiano son el trasfondo de toda y cualquier *experiencia* posible.

Hace mucho que propusimos la noción de *situación comunicacional,* que se basó en la *situación* de Alain Badiou (1988) que sostenía que la *comunicación* está siempre en una situación y que debe ser analizada como tal (Gonçalves; Thurler, 2006). Lo que se mantuvo en relación con la idea de *situación* es igualmente válido para la de *experiencia*.

Finalmente, reforzamos que el problema específico de los medios de *comunicación y* su acción en la constitución de *experiencias*, como se discutió anteriormente, puede recibir una solución *epocalista*, vinculada al determinismo tecnológico, o una solución que considere la agencia de los medios en conjunto con la agencia humana, individual o colectiva, y el contexto social, tal como propusimos con la noción de entrelazamiento. Evidentemente, esto es lo que se defendió a lo largo de toda la argumentación, la primera visión es simplista y reduccionista en comparación con la segunda.

Referencias

BADIOU, Alain. *L'Être et l'événement*. Paris: Seuil, 1988.

BARBOSA, Marialva (Org.). *Os manuscritos do Brasil*: uma rede de textos no longo século XIX. Niterói: Eduff, 2017.

CERTEAU, Michel de. *A invenção do cotidiano*: 1. artes de fazer. Petrópolis: Vozes, 1994.

DELEUZE, Gilles. *Diferença e repetição*. Rio de Janeiro: Graal, 1988.

DELEUZE, Gilles. *Lógica do sentido*. São Paulo: Perspectiva, 1974.

GINZBURG, Carlo. *O queijo e os vermes* – o cotidiano e as idéias de um moleiro perseguido pela Inquisição. São Paulo: Companhia das Letras, 1987.

GONÇALVES, Márcio. S. *A Baleia Branca*: Comunicação e Arte. 1994. Dissertação (Mestrado em Comunicação e Cultura) – Escola de Comunicação, Universidade Federal do Rio de Janeiro, Rio de Janeiro, 1994.

GONÇALVES, Márcio. S. O texto, o livro, o sentido e o leitor. *Signo*, Santa Cruz do Sul, v. 43, n. 76, pp. 88-98, 27 jan. 2018. Disponible en https://core.ac.uk/download/pdf/228503074.pdf. Acceso en 23 oct. 2022.

GONÇALVES, Márcio Souza; CLAIR, Ericson Telles Saint. Meios na história, história nos meios: paradigmas para a reflexão sobre comunicação e cultura. *TRÍADE*: Revista de comunicação, Cultura e Mídia, Sorocaba, v. 2, pp. 157-172, 2014. Disponible en https://periodicos.uniso.br/triade/article/view/2019. Acceso en 17 ago. 2022.

GONÇALVES, Márcio Souza; THURLER, Larriza. Interatividade em ação: situações comunicacionais. *Líbero* (FACASPER), São Paulo, v. 9, n. 17, pp. 95-102, 2006. Disponible enhttps://seer.casperlibero.edu.br/index.php/libero/article/view/756. Acceso en 12 mar. 2022.

KANT, Emmanuel. Crítica da razão pura. Tradução de Manuela Pinto dos Santos; Alexandre Fradique. 5 ed. Lisboa: Fundação Calouste Gullbenkian, 2011.

KUHN, Thomas S. *A estrutura das revoluções científicas*. São Paulo: Perspectiva, 2001.

MELVILLE, Herman. *Moby Dick*. São Paulo: Círculo do Livro, 1988.

SCHUTZ, Alfred. Some structures of the Life-world. *In*: SCHUTZ, Alfred. *Collected Papers III*: Studies in Phenomenological Philosophy. Leiden: Martinus Nijhoff/The Hague, 1970, pp. 116-132.

Capítulo 4

La experiencia emancipatoria del borde: intervalos y coexistencias espacio-temporales en el pensamiento de Jacques Rancière

Ângela Cristina Salgueiro Marques
PPGCOM/UFMG
Beca de Productividad CNPq

Introducción

La obra de Jacques Rancière está impregnada de un argumento marcante: desde la publicación del libro *A noite dos proletários* (1988), él afirma que el proceso de emancipación está estrechamente asociado a la forma en que la experiencia del tiempo es redefinida por las personas cuando se lo apropian para llevar a cabo acciones que reordenan corporalidades, espacialidades y experiencias. Las corporalidades van más allá de la inscripción del cuerpo físico en el tiempo y en el espacio, abarcando también la manera como este cuerpo es visto, posicionado en redes de poder y resistencia, reconfigurado por diversos ajustes discursivos y afectivos. La escritura de *A noite dos proletários* fue, para este autor, una forma de evidenciar que la experiencia sensible puede modificarse cuando un obrero desafía la organización de espacios y tiempos para permitir otros modos de legibilidad e inteligibilidad de su existencia.

Según Rancière (2018c), retomar el tiempo capturado por las lógicas productivas del capital es producirlo como una yuxtaposición de temporalidades heterogéneas, en las que fragmentos de tiempos y momentos se articulan sin seguir una racionalidad causal, rumbo a "conquistas" socialmente valoradas.

a un ordenamiento de la vida según el cual la autorrealización siempre se pospone para un futuro que solo se concretiza tras sufrimientos, pérdidas, deshumanizaciones.

El tiempo heterogéneo y la heterogeneidad de la composición que reúne y tensiona múltiples temporalidades definen también la diversidad de elementos y espacios que compondrán el escenario en el que los individuos alteran las coordenadas de sus experiencias y se configuran como sujetos políticos en un proceso disenso y constante. de rupturas y reconstrucciones. Rancière tensiona el tiempo "normal" y el tiempo de la ensoñación, dando gran importancia a las relaciones temporales laterales, no sucesivas, que permiten el surgimiento de desviaciones, imprevistos, de lo que antes no se notaba, no se percibía, no se sentía: el trabajo de la emancipación es una operación temporal y corporal de apertura de intervalos, de espacios intermedios que permiten ensoñaciones, excesos y devenires.

Al explicar cómo la experiencia del obrero francés del siglo XIX puede transformarse, Rancière (2019b) comenta que los cuerpos de los obreros eran vistos como dotados de capacidades y discapacidades que los clasificaban para tareas más o menos dignas de estima. Emanciparse significaba romper con un régimen de experiencia que sustenta corporeidades marcadas por identidades impuestas y por temporalidades que se suceden sin intervalos, marcando el campo de percepción de un sujeto y su comunidad. La experiencia emancipadora necesita, según Rancière, una reconfiguración del campo de percepción de los sujetos: fracturar las fronteras que definen y separan territorios, temporalidades, espacios y cuerpos. Los cambios que alteran la forma en que lo sensible se comparte y se divide modifican también la experiencia de ver, nombrar, leer, contar historias y actuar.

Al investigar los archivos de la prensa obrera de mediados del siglo XIX, en Francia, Rancière (1985) encontró documentos que contenían los escritos de Louis Gabriel Gauny, el "poeta carpintero", o incluso, el "filósofo plebeyo", aprovechándolos para escribir *A noite dos proletários* (1988). Los escritos de Gauny son como una herencia comunicable de su vida intelectual y de sus condiciones de trabajo. Uno de los textos de Gauny fue publicado en 1848, en el periódico obrero revolucionario *Le Tocsin des travailleurs*, describiendo un día de trabajo del "filósofo plebeyo" como colocador de tacos en una casa en construcción. El texto tenía el rol de contribuir a la afirmación política de los obreros, pero, sobre todo, era "el producto de la experiencia individual del carpintero y de su apropiación personal del poder de la escritura" (Rancière, 2009a, p. 274).

> Creyendo que está en casa, mientras no termina la habitación donde pone los tacos, aprecia su disposición; si la ventana da a un jardín o domina un horizonte pintoresco, por un momento deja de mover los brazos y se desliza mentalmente en la espaciosa perspectiva para apreciar, mejor que los propietarios, las casas vecinas (Rancière, 1988, p. 89).

Gauny, dejando a un lado sus herramientas y acercándose a la ventana, inicia una *rêviere* y "se pierde en el infinito de ensueños provocados por un paisaje, una luz o una hora indecisa [...] rompiendo los propios marcos dentro de los cuales la experiencia común se permite ser contada" (Rancière, 2017a, p. 15). Este episodio, contado una y otra vez por Rancière en sus obras, brinda dos dimensiones importantes al concepto de experiencia emancipadora. La primera está relacionada con la publicación de los textos escritos por Gauny en un periódico obrero que circulaba y que hacía circular sus excesivas palabras. Escribir y publicar un ensueño atestigua la propia existencia y la capacidad de comunicar la experiencia del obrero. Este caso revela que, para Rancière, la emancipación es una experiencia comunicable, es real porque puede ser escrita, volverse legible, verificable, desplazando el mapa que divide lo sensible. La emancipación se practica en el proceso de su comunicación, circulación y apropiación colectiva.

Así, el interés de nuestra reflexión se concentra en evidenciar tres aspectos de la presencia de la noción de experiencia en el enfoque de Rancière sobre el proceso de emancipación: primero, exploraremos el significado del ensueño y del aburrimiento en la creación de una temporalidad desviante para la experiencia emancipadora; en un segundo momento, mostraremos cómo el ensueño, entendido como una operación temporal desviante, puede reconfigurar la superficie de la experiencia, alterando sus coordenadas; y por último, destacaremos el modo en que la apertura de temporalidades y espacialidades liminares contribuye a que la emancipación se configure como una experiencia política transformadora. La comunicabilidad del ensueño y el trabajo de reordenamiento de la superficie sensible del mundo y de la desidentificación de los cuerpos son a nuestro ver, contribuciones originales de Rancière para pensar la asociación entre emancipación y transformación en las coordenadas de la experiencia desde la emergencia de un momento cualquiera, un momento de radicalidad (Mondzain, 2022), en el que el sujeto se coloca sobre el borde existente entre la continuidad y el cambio, configurando otras oportunidades de aparecer, de ser visto y de ver, de ser considerado y de ofrecer consideración en relaciones de reciprocidad.

1. La experiencia del ensueño: bordes, caminos y fracturas para desplegar superficies y cuerpos

En las obras de Rancière (2017a, 2018b), el estado de *rêverie* se describe como un tipo de experiencia. Según Ross (2019), la importancia de esta experiencia puede relacionarse con el potencial comunicativo que el ensueño puede asumir al transformar el aburrimiento en una apertura para el trabajo de desconexión entre el cuerpo y el restringido campo de la experiencia sensible del que dispone. Además, cuando Gauny comunica el ensueño a sus compañeros obreros mediante la publicación de textos en el periódico *Tocsin des travailleurs*, este adquiere un significado colectivo y compartible.

Es importante mencionar que el ensueño no es sinónimo de ausencia de acción: Rancière afirma que la experiencia del ensueño explorada en su obra se niega a corroborar una teoría del trabajo dirigida al desvelamiento de la opresión, porque su objetivo sería presentar diferentes experiencias de salida de la acción asociada a la imposición de ritmos y tiempos al obrero. Su objetivo es mostrar que participar en la temporalidad difusa del ensueño es una operación desviada, un acto de desterritorialización. Según Ross (2019), el poder de "no hacer nada" es una experiencia que configura un estado emancipado en el que es posible reconfigurar el tiempo y el mapa de la superficie recorrida y habitada por el cuerpo y los sentidos.

La existencia del ensueño se comunica en la descripción del placer de este estado en los archivos y en la literatura consultada por Rancière. Gauny escribió varios textos entre 1830 y 1880, ofreciendo una gran contribución a la acción política colectiva y dejando una gran cantidad de páginas aún no publicadas. Este artículo específico, de 1848, fue, antes de componer las páginas del periódico, el producto de su experiencia de apropiación de la escritura y del poder de escribir. La descripción de su día de trabajo reinventa la experiencia cotidiana. "Este texto propone un reencuadre de la experiencia individual, pues le extrae un placer secreto" (Rancière, 2009a, p. 274) por la incertidumbre proporcionada por la creencia de poder actuar como si fuera libre. La felicidad del ensueño, según Rancière (2017a, p. 35), "es una nueva forma de conocimiento, un saber que no señala ninguna causa y no promete ningún efecto".

Gauny disocia una experiencia sensorial del cuerpo en estado de ensueño de una interpretación que afirma que su cuerpo no había sido equipado para esto, solo para el trabajo manual continuo. Según Rancière, al escribir su experiencia sensorial, el carpintero produce una composición que aproxima el ensueño a una operación de "reencuadre del espacio y del tiempo en los cuales ejerce su fuerza de trabajo, convirtiéndolos en la fuente de un nuevo placer, el placer de una nueva libertad" (Rancière, 2009a, p. 277).

> Se cuestiona la relación entre lo que alguien hace con sus brazos y lo que ve con sus ojos, lo que se siente como placer sensorial y lo que se entiende como una preocupación intelectual. Se cuestiona la relación entre una ocupación, el tiempo y el espacio en que se desarrolla y el equipo sensorial para realizarla. Esta subversión implica el reencuadre de un espacio polémico, de un ejercicio de la mirada (Rancière, 2009a, p. 277).

En el ensueño, según Laura Quintana (2019, p. 216), Gauny experimenta una reconexión con su cuerpo, con los ritmos de sus movimientos y gestos, con su movilidad en el tiempo y espacio: es como si, al dejar de lado sus instrumentos de trabajo y construir un paisaje a través de la mirada que recorre la vista desde la ventana, el carpintero pudiera encontrar el placer de la experiencia de su cuerpo en sus diversas posibilidades de existir en el tiempo, en el espacio de intervalo de la disyunción, de la *flânerie* de la mirada y del desvío. Explorar las potencias del propio cuerpo en el ensueño implica tomarlo como una temporalidad abierta en el tiempo de trabajo, una forma de redefinir la percepción que el obrero tiene del propio cuerpo, disminuyendo el ritmo de los brazos y de las manos, para tener acceso a otros conocimientos e imaginarios que lo acerquen a sí mismo. Para Laura Quintana (2019), el momento del ensueño de Gauny muestra que el cuerpo del carpintero deja de estar ausente, de ser un cuerpo cosificado por normas para presentarse como un cuerpo vivo, que observa el mundo (y no solo es observado y controlado), complaciéndose al percibir sus propios movimientos e inmovilidades.

El desajuste entre el cuerpo viviente y el cuerpo instrumentalizado del trabajador no separa la mirada (agencia reflexiva) del trabajo manual (agencia física), sino que verifica la existencia de una disposición corporal naturalizada que prohíbe la contemplación a aquellos que trabajan con sus manos. Bajo este aspecto, la emancipación de los cuerpos

> Se trata de un revivir la experiencia –en el movimiento del cuerpo, en su esfuerzo– del espacio en que el cuerpo se mueve, que también lo hace suspender el esfuerzo y que, aunque le permita apropiarse de su movilidad, lo lleva para fuera de sí en una especie de apropiación expropiatoria. Es como si el cuerpo, conectado a su movimiento y observando y sintiendo lo que está haciendo, y desconectado de su mera funcionalidad, también pudiera atender a la apariencia del mundo, suspendiendo su distracción habitual (distracción funcional en la realización de tareas cotidianas) frente a lo que aparece (Quintana, 2019, p. 217).

La experiencia emancipadora proporcionada por el ensueño se relaciona con tales disyunciones y desplazamientos, con la apertura de intervalos entre lo que los sujetos hacen y lo que ven, entre el movimiento y la quietud, y entre las normas y opacidades que las formas de sujeción pueden dejar como marcas. A través de tales disyunciones, desplazamientos y aperturas, las complicidades, los intercambios, los deseos, los sueños y los sentimientos pueden ganar materialidad y ser comunicados y compartidos, conllevando a despliegues inesperados. Gauny, al traducir en palabras su jornada laboral, utiliza la literatura y la poesía para promover la desclasificación, la desidentificación y el desvío de los cuerpos, exponiendo su inestabilidad. Produce un exceso y pone en circulación nuevas enunciaciones, que "sobrepasan lo que se da por real, y que pueden sutilmente perturbar los cuerpos, moviéndolos, afectándolos" (Quintana, 2019, p. 221).

El ensueño de Gauny le permite experimentar y volver a experimentar lo que su cuerpo ya hace, lo que puede hacer y la comunidad que tal experiencia puede instaurar, ya que la misma palabra que se usa para producir reflexividad y subjetivación también se pone en flujo en los periódicos, conversaciones y amistades que reverberan y se despliegan en traducciones y agencia. La experiencia vivida y compartida conduce, según Rancière (2018b), los cuerpos a lo que no conocen, a explorar otros lenguajes, formas de percepción y expresión colectivas. Además, este poder de apertura y movilidad alimenta la poética de la política, es decir, las acciones, gestos y transformaciones de las formas a través de las cuales vemos, oímos, percibimos y entendemos el mundo y nuestra subjetividad. Es esta potencia poética que desplaza un cuerpo de las espacialidades, temporalidades y corporeidades que asumió como dadas, llevando al sujeto a sondear, explorar, encontrar otros caminos y sendas, otras aristas para actuar y confiar en sus conocimientos, para ampararlo en la tarea de hacer la vida habitable.

El ensueño permite la elaboración de una poética emancipadora, pues engendra un movimiento por medio del cual una corporeidad puede redefinir movilidades, legibilidades y modos de aparición. Su poder disenso está en la forma en que el sujeto puede moverse desde posiciones previamente definidas para definir otros ajustes subjetivos e intersubjetivos. Su fuerza transformadora actúa sobre el pensamiento, el cuerpo, las conexiones que sostienen este cuerpo, los espacios y tiempos que lo definen.

> La sucesión de horas de una jornada laboral proporciona la trama para analizar, en cada instante, los diálogos entre el cuerpo y el alma, inventándose excesos, dando otra textura a la composición reflexiva del alma y del cuerpo. A

partir de esta forma diferente de medir la tiranía fundamental que ata los cuerpos al taller, a lo largo de las horas, introduce para el proletario un proyecto que radicaliza, por caminos nuevos, las reivindicaciones habituales (Douailler, 2017, p. 22).

Según Stéphane Douailler (2017), el ensueño es una práctica emancipadora que accede a flujos de transformación, intercambio y elaboración de lo común por medio de rupturas, desviaciones e incentivo a la imaginación política que acogen la indeterminación, amplificando nuestros recursos y nuestro poder de actuar sobre nosotros mismos y sobre el mundo. Es en este sentido que argumenta que el ensueño puede también alimentar experiencias de desidentificación, perturbando la división de lugares establecidos por medio de fabulaciones que pueden convertirse en enunciaciones que superan lo que se da como real, asumiendo gran poder de afectación sobre los cuerpos. Fabulaciones que dialogan con fuerzas que mueven los cuerpos para conducirlos a cambios que no son necesariamente definibles ni conceptualizables, pero que amplifican los lenguajes excesivos que operan desajustando lo que está montado y distribuido jerárquicamente.

Algo que llama la atención en el argumento de Douailler es el modo en que define la experiencia emancipadora a partir de la combinación de dos movimientos: el primero se refiere al proceso descrito anteriormente (el ensueño como operación de exceso y de desidentificación) y el segundo se refiere a la colectivización del ensueño, es decir, a la comunicabilidad de la experiencia del ensueño a través de la escritura y de las conversaciones cotidianas. Douailler comparte con Ross (2019) el interés por la capacidad, evidenciada por Rancière, que los obreros poseían de utilizar las narrativas literaria y periodística para describir estados de emancipación generalmente difíciles de ser materializados y comunicados. Para ambos, Rancière explora en los archivos diferentes textos que demuestran que el gesto de escritura del ensueño confiere otra dimensión de experiencia al trabajo: el tiempo de trabajo puede ser hendido y abierto por el ensueño, lo que promueve recursos importantes para la realización de experimentaciones no previstas por modelos, normas o teorías.

Destilar y describir variedades de experiencias emancipadoras, incluyendo instancias del estado de ensueño en contextos literarios y archivísticos, así como aquellas que requieren una voluntad comprometida, es la forma en que Rancière expresa su solidaridad con aquellos que están del lado de la emancipación intelectual y contra aquellos que pertenecen a las fuerzas organizadoras de la ciencia y de la estrategia (Ross, 2019, p. 89).

A este respecto, los archivos vinculados a la actividad política de Gauny ocupan un lugar central en el pensamiento de Rancière sobre la experiencia no solo por su contenido inesperado, sino también porque Gauny hizo que la experiencia del ensueño pudiera ser comunicada y compartida. El carpintero mantenía amistad y conversaciones frecuentes con libreros, activistas, asociándose a periódicos, clubes, sociedades de apoyo mutuo y sus cartas y poemas fueron publicados en varios libros y periódicos. Sus textos promovían el encuentro con otras voces proletarias y esto les permitía deslizarse entre otras voces, creando aperturas para la coexistencia de microeventos (Douailler, 2017). Es decir, Gauny practicaba el método de la igualdad en su escritura y en sus gestos. No solo creaba una nueva forma de experiencia emancipadora, como también aprendía a compartir con otros obreros los caminos para que ellos también pudieran rechazar las identidades impuestas y construir relacionalmente sus trayectorias emancipatorias.

> El carpintero enseña a sus compañeros las artes de la lectura y la escritura. La lectura no es solamente una actividad que conlleva conocimiento o placer. Es la realización de una redistribución de lo sensible que está involucrado en la escritura. La escritura define un exceso, un desequilibrio en la relación entre signos, cosas y cuerpos (Rancière, 2009a, p. 278).

El hecho de que Gauny haya logrado escribir y publicar los acontecimientos que marcaron sus rutinas de trabajo promovió, al mismo tiempo, una redefinición de su experiencia con la palabra, una reconfiguración de su posicionamiento en el mundo y la apertura de un nuevo campo de cuestionamiento de las órdenes naturalizadas. Los relatos de Gauny muestran cómo los proletarios buscaban vivir de otra manera, "reinventar aquí y ahora las condiciones existenciales, los pensamientos, las escrituras y las comunidades: crear intervalos y excesos en el centro de los engranajes de la dominación capitalista y de las racionalidades burguesas" (Fjeld, 2017, p. 36). El afán de encarnar sus propias experiencias, sin utilizar códigos expresivos convencionales, hacía que la tarea de convertir en comunicable el ensueño alterara las relaciones entre palabras, tiempos, refranes, gestos y objetos.

En este proceso de desmontaje y reconstrucción de las narrativas que agobiarían y harían inteligibles las experiencias emancipatorias, lo que importaba era promover la falta de correspondencia, la desconexión y la desidentificación con órdenes expresivas ya naturalizadas. No hay destrucción de las narrativas consideradas "oficiales", sino extracción y reinserción, una alteración de un entramado de formatos de la realidad y de las relaciones entre temporalidades, visibilidades y discursividades. Construir el ensueño en la escritura como una experiencia inteligible y, al mismo tiempo, fracturada, significa "que la escritura no es un instrumento que sirve para transmitir el pensamiento, sino un trabajo de búsqueda que produce pensamiento desplazando las posiciones normales que definen lo que puede o no ser considerado como pensamiento" (Rancière, 2019c, p. 29). El desplazamiento hecho por Rancière es horizontal, distanciándose de la lógica vertical y explicativa, que privilegia el discurso legitimado sobre aquel visto como minoritario. Él altera las coordenadas de la captura y lectura de lo visible a través de un montaje, de una *mise en scène* que articula voces, tiempos, cuerpos y espacios en el trabajo de la escritura.

Recordemos que la desidentificación, para Rancière (1995), no es algo que el sujeto hace, porque no es sujeto antes de este proceso. El poder de desidentificación no es una capacidad del sujeto político, ya que no hay sujeto anterior a la acción. Así, la desidentificación es una operación que implica la producción colectiva de articulaciones capaces de crear escenas polémicas, es decir, de hacer surgir espacios, tiempos y cuerpos que obligan a la emergencia de una contradicción entre las lógicas policiales y las lógicas políticas.

El aparecer tiene la necesidad de una producción, pues el daño que produce una determinada distribución de cuerpos e identidades debe ser visualizado en el proceso mismo de su elaboración y tratamiento. Articular este daño es una desidentificación. Tal operación contribuye a la democracia cuando permite la experimentación de prácticas en las que las corporeidades sean redefinidas y desconectadas de sus funcionalidades, identidades y scripts impuestos. El poder de aparecer se vincula a la posibilidad que tienen estas intervenciones sobre lo visible y lo pensable para desplazar e incluso remover cuerpos de los lugares (concretos y simbólicos) que les fueron destinados y transformar las redes materiales, discursivas e intersubjetivas que los sostienen y amparan, modificando sus condiciones de vulnerabilidad.

2. La textura de la superficie orientando la experiencia de otros paisajes

En sus obras, Rancière (2009a, 2012, 2021, 2022) no privilegia un gesto de exposición de lo que estaría oculto bajo la superficie, pues ello implica una autoridad y una jerarquía entre lo que se ve y quién tendría legitimidad para explicar lo que no aparece. Su método explora las hendiduras y los vestigios de la superficie (algo que podemos aproximar al método de Walter Benjamin) para evidenciar otros paisajes que antes no eran legibles. En general, la superficie compuesta y recorrida por el método en acción revela una topografía de intervalo de un juego que modifica las posiciones y coordenadas donde aparecen los cuerpos, las relaciones entre los cuerpos y las estimaciones de sus capacidades, palabras e imágenes.

El método de la igualdad en Rancière (2016) explora la superficie para trabajar una forma de presentación a través de la cual varias cosas, situaciones, discursos y acontecimientos se vuelven perceptibles e inteligibles. Al describir la manera en que los obreros franceses del siglo XIX se apropiaban de fragmentos de discursos diversos (leyes, panfletos políticos, tragedias clásicas, etc.) para alimentar sus luchas emancipatorias, Rancière (1995, p. 30) menciona que "descontextualizaban y recontextualizaban estos fragmentos prestados y borraban los límites de los regímenes de enunciación para que formaran parte de sus vidas individuales y de sus luchas colectivas".

Para elaborar la obra *A noite dos proletários*, Rancière comenta que los textos de los obreros se articularon con textos literarios, poemas, fragmentos de periódicos, documentos institucionales, etc. "Así, tuve que escoger las palabras en relación a escenarios y performances textuales que normalmente pertenecen a otros registros, a mundos que supuestamente no tienen ninguna relación con la cultura de la clase obrera" (Rancière, 2016, p. 74). Tal bricolaje de textos y registros no produce una simple ilustración o ejemplo: "se trata de relacionar lo que parece sin relación, o de mostrar una capacidad que parece ya no existir" (Rancière, 2018b, p. 14).

Así, la superficie está compuesta por los elementos que se pueden articular de modo a favorecer el trabajo de invención de las operaciones que producen disenso, permitiendo una redescripción y reconfiguración del mundo común dela experiencia. Por eso, el disenso no es la revelación de algo que está debajo de una superficie, sino la propia redefinición de la superficie y de la mirada que la recorre componiendo un paisaje inteligible. No se trata solamente de modificar "apariencias" (aspecto superficial de las cosas y cuerpos), sino de promover apariciones que cuestionen un orden policial que condiciona la manera en que nuestra mirada recorre las superficies del entendimiento, para dar sentido a acontecimientos y formas de vida, proponiendo otra organización de lo sensible y otra manera de pensar las experiencias que se distancian de las jerarquías.

> Disenso es una organización de lo sensible en la que no hay una realidad oculta bajo las apariencias, ni un sistema único de presentación e interpretación de lo dado imponiendo a todos su evidencia. Cualquier situación es susceptible de ser escindida desde dentro, reconfigurada bajo otro régimen de percepción y significado (Rancière, 2012, p. 48).

Los archivos del sueño proletario son aproximados y articulados por Rancière en una superficie, en un mapa que podría ofrecer otras posibilidades de composición y legibilidad. Esta superficie es el locus de la horizontalidad entre los puntos de igualdad que guarda relaciones entre varios elementos diferentes que, antes dispuestos jerárquicamente, ahora pueden ser rearticulados entre puntos de horizontalidad. Al definir su método a partir de una exploración de la superficie, Rancière hace una crítica a las ciencias sociales que tienden a estabilizar el despliegue de las experiencias de los sujetos, "convirtiéndolo en un esquema interpretativo que permite investigar lo que supuestamente se esconde bajo las superficies del campo social con el objetivo de descubrir allí los mecanismos sociales subterráneos, mecanismos que, ocultos, requieren un conocimiento científico que sepa descifrarlos" (Fjeld, 2017, p. 45).

> El problema es, entonces, construir el espacio de estos puntos de igualdad, establecer relaciones de igualdad entre los textos filosóficos, los testimonios de las personas y otros textos, construir puentes entre palabras que parecen pertenecer a dos registros totalmente diferentes y a dos mundos absolutamente heterogéneos (Rancière, 2019c, p. 27).

Hablar de la importancia de la superficie en el método de Rancière significa, primero, deshacer una posible asociación con lo que sería "superficial", "superfluo", "menor". No se trata de afirmar que explorar la superficie es quedarse en un análisis raso de los acontecimientos, sino de conferir relevancia a los rastros, a los vestigios que generalmente se desconsideran en las reflexiones académicas que se preocupan por la objetividad parametrizada del conocimiento científico. Explorar y reordenar las cosas en una superficie significa dar importancia a los fragmentos, pero también rediseñar las rutas que nos permiten producir sentido sobre los acontecimientos y su legibilidad.

El método de la igualdad produce una escena en la que la agencia de los sujetos puede alterar nuestra relación con la superficie de la experiencia y, por eso, el papel de las topografías en la obra de Rancière puede considerarse como central para reordenar y rediseñar mapas y formas espaciales que orientan los procesos de construcción de la democracia y la consideración de las demandas por justicia (Rancière, 2011, 2009a, 2016, 2018b, 2020). Es el trabajo de construcción de la escena que permite "dilatar los momentos singulares en una temporalidad no jerárquica, impregnándolos de la belleza y del poder de acontecimientos sensibles, permitiendo la coexistencia de singularidades" (Rancière, 2020, p. 840).

La superficie sobre la que Rancière configura una "topografía de intervalo" no se opone a una profundidad oculta o a un velo que hay que levantar para ver una supuesta verdad oculta. Para Andrea Calderón (2020, p. 32), la superficie es un medio de formación o conversión, pues configura un "lugar que acoge una singularidad permitiéndole comunicar asimetrías sin relación previa".

> Una superficie de conversión emerge de manera performativa, es decir, en su propia formación, como una realización relacional. Se trata de una transformación que requiere un cierto estado estable, lo cual no implica que sea rígido, sino que la conversión de las operaciones modifica la estructura y, a su vez, cada cambio de estructura modifica la relación. La superficie sería la textura del intervalo en el proceso, ese instante de disparidad que modula los encuentros y permite la reconfiguración de un mundo. Reconfiguración no quiere decir redistribución en el sentido tradicional, sino la configuración de intensidades sensibles que son polémicas (Calderón, 2020, p. 33).

La superficie abre un intervalo para la construcción de la escena, el espacio en el que, y sobre el que, se realizarán operaciones de condensación, comparación y desplazamientos que definen las articulaciones de su pensamiento con las articulaciones realizadas por otros interlocutores que le auxilian en la construcción de un objeto de reflexión, de investigación. Dicho de otra manera, la topografía de intervalos confiere a la escena una capacidad de mezclar y "articular diferentes niveles de sentido, creando una línea transversal que corre entre diferentes niveles de discurso" (Rancière, 2016, p. 69). Bajo este aspecto, hay una fuerte presencia del espacio, de los intervalos y del montaje como elementos centrales de un método igualitario, topológico, cuyo objetivo es crear "operaciones de reformulación, de reordenación de frases, de condensación, de comparación, de desplazamientos que entrelazan las articulaciones de mi discurso con las articulaciones de los textos obreros en la constitución de un objeto" (Rancière, 2019c, p. 31).

> Hay desplazamientos que modifican el mapa de lo pensable, de lo que es nombrable y perceptible, y por tanto de lo posible. Si se logran avances, deben ser pensados en términos de cobertura de topografías y no en términos de aplicación de un conocimiento. La política se define como un cierto mapa de lo que se da a la inteligencia de todos, de los problemas comunes; cierto mapa de la distribución de competencias e incompetencias en relación con estos problemas. Lo que intento hacer en el dominio del pensamiento es contribuir a la posibilidad de otros mapas de lo que es pensable, perceptible y, por consiguiente, susceptible de ser hecho (Rancière, 2009b, p. 577).

La topografía de la democracia y de la escena no se relaciona con el gesto cartográfico, tomado en el sentido deleuziano, ni con el gesto de "crear un mapa, en el sentido de dibujar los contornos de un territorio y sus divisiones, sino más bien de crear un modelo de distribución y coexistencia contra los modelos de exclusión presentes en una determinada visión del tiempo" (Rancière, 2016, p. 148). El tiempo y el espacio se articulan para evidenciar que siempre hay varias temporalidades yuxtapuestas que interfieren en la creación de una "topografía de lo perceptible, de lo pensable y de lo posible, reordenando temporalidades y compartidos que definirán las formas de experiencia posibles" (Rancière, 2020, p. 829).

Sobre esta superficie, el filósofo-investigador elabora "una manera de reencuadrar y de rediseñar continuamente el espacio vital de las personas", una escena que se define y redefine en un "trabajo de invención colectiva vinculado a una forma de vida" (Rancière, 2022, p. 122). La presencia de cuerpos y enunciaciones antagónicas sobre la superficie de la escena es algo vital para Rancière (2018a, p. 29), pues revela "la escena como una conjunción, como la operación de juntar cuerpos, miradas, palabras, gestos y significados". Así, es importante que la escena sea también un "espacio" en el cual el aparecer se asocie a una toma de palabra, a una construcción de una realidad a partir de la sedimentación de los elementos que permiten la creación de otro imaginario posible, alejado de las jerarquías clasificatorias.

Es bajo este aspecto que enfatizamos la forma en que Rancière define la aparición como un trabajo de desidentificación y emancipación que redefine las coordenadas espacio-temporales responsables de localizar los cuerpos y permitir la transformación de sus condiciones de experiencia y reconocimiento. Según Andrea Soto Calderón (2020) y Laura Quintana (2016), el trabajo de aparecer produce cambios en la postura, en la forma de movilidad y de gestualidad de los cuerpos. Estos cambios no son triviales ni de poca relevancia: en el proceso de aparición, los sujetos pueden, aunque por un momento, conciliar el hecho de que son cuerpos observados (y a menudo vigilados) con el hecho de poder observar sus propios movimientos despegándose de las identidades y scripts impuestos. Como menciona Rancière, no se trata tanto de evidenciar el "devenir-sujeto" de los individuos sino de experimentar la configuración de un mundo común que requiere que las corporeidades sean redefinidas y desconectadas de sus funcionalidades.

> [Aparecer es] la forma en que los sujetos políticos se constituyen en descompaso respecto a las identidades por medio de actos que alteran la distribución de cargos y, consecuentemente, la configuración de un mundo común. Pero no me preocupé por el devenir-sujeto de los individuos. Lo que me interesó fue la

forma en que los individuos trabajan para reconstruir el universo sensible o el tipo de mundo común en el que se encuentran (Rancière, 2020, p. 834).

La emancipación asociada a la aparición corporificada del sujeto sobre la escena (que es, al mismo tiempo, el resultado de esta aparición) es una articulación entre la capacidad que un sujeto cualquiera posee para alterar su apariencia, sus condiciones de aparición y también el dispositivo que controla qué cuerpos y qué apariencias son dignos de ser considerados como legítimos en detrimento de las apariencias percibidas como abyectas y despreciables. "En este sentido, el cuerpo, como disposición de posiciones, afectos, imágenes y formas de percepción, puede producir otras imágenes y formas de percepción a través de fracturas sutiles y cambios de posición en su configuración afectiva y experiencial" (Quintana, 2019, p. 218).

Rancière (2009b) explica que el aparecer le permite al sujeto reordenar la percepción de su mundo, de su cuerpo, de sus lenguajes, produciendo experiencias sensibles y de disentimiento vinculadas a modos de interpretación excesivos y que confieren otra inteligibilidad a su presencia en el mundo. Al mismo tiempo, siempre hay "cuerpos que no obedecen a las formas establecidas de ser contados y considerados como un determinado tipo de cuerpo, contribuyendo a la desidentificación y a la coexistencia de formas de vida excesivas" (Quintana, 2019, p. 221).

Así, "la emancipación no implica una transformación en términos de conocimiento, sino en términos de la posición de los cuerpos" (Rancière, 2009b, p. 575). La dimensión estética de la emancipación considera la apariencia no por la diferencia entre lo que se considera bello o feo, sino como "un modo de inscripción en un universo sensible [...] el hecho de estar dotado de un cierto cuerpo, definido por capacidades e incapacidades, y por la pertenencia a determinado universo perceptivo" (Rancière, 2009b, p. 575). En este aspecto, Rancière define una de las principales dimensiones de la emancipación como una ruptura con la corporeidad que afirma la correspondencia y adecuación "entre un determinado tipo de ocupación y un determinado tipo de equipo intelectual y sensorial" (Rancière, 2009b, p. 575).

Este trabajo que aproxima y tensiona la apariencia y el aparecer le posibilita al cuerpo otras oportunidades de experimentar sus límites y potencialidades, distanciándose de una designación jerárquica y dejando de identificarse por los nombres que le fueron impuestos. Según Rancière (2019a), los desplazamientos, reordenamientos y nuevas disposiciones pueden configurar otro imaginario político para acoger la presencia de formas de vida disidentes.

La apariencia y el aparecer del cuerpo muestran, según Rancière, la importancia de percibir la regulación del proceso de reconocimiento atribuido a los sujetos, una vez que ser contado como parte de una comunidad depende precisamente de cómo los cuerpos aparecen ante nosotros y de qué tipo de consideración o desconsideración reciben como respuesta. Podemos decir que su enfoque del aparecer valora la superficie como espacio de "desplazamientos que modifican el mapa de lo pensable, nombrable y perceptible, alterando así la topografía de lo posible" (Rancière, 2009b, p. 576), produciendo intervalos y disyunciones entre lo que se ve y lo que se percibe. El paisaje de la superficie deriva de una mirada que se desvía del consenso para la retórica de lo visible, es decir, para volver legible la dialéctica de una experiencia que pretende ser emancipadora.

3. La experiencia emancipadora en temporalidades coexistentes

El "tiempo suspendido del ensueño" (*le temps suspendu de la rêverie*) (Rancière, 2017b, p. 33) es caracterizado por Rancière como aquel que se abre junto con la escena y que no representa la fuga de la violencia y de la brutalidad, sino "un tiempo que se desdobla de otra manera, que confiere un peso diferente a ese instante desviante, vinculándolo a otros instantes, permitiéndole otros accesos al pasado, construyendo otra memoria y creando, así, otros futuros" (Rancière, 2018c, p. 37). Es interesante observar cómo el tiempo del ensueño, el momento de intervalo presente en el relato de Gauny, es mencionado por Rancière (2018c, p. 33) como "una reconquista del tiempo, otra forma de habitarlo": promueve una espiral de temporalidades capaz de crear un "encadenamiento temporal desviante" (Rancière, 2018c, p. 36).

> Reconquistar el tiempo es transformar esta sucesión de horas en las que nada debe suceder en un tiempo marcado por una multitud de acontecimientos. En el relato de Gauny el cotidiano en el trabajo es un tiempo en el que, cada hora, acontece algo: un gesto diferente de la mano, una mirada que se desvía y hace derivar el pensamiento, un pensamiento que aparece desprevenido y que cambia el ritmo del cuerpo, un juego de afectos que hace que el servilismo sentido o la libertad experimentada se traduzcan en gestos diversos y encadenamientos contradictorios de pensamientos. Así, se producen toda una serie de hiatos positivos con el tiempo normal de la reproducción del ser obrero. Y estos hiatos se dejan reunir en un encadenamiento temporal desviante. A través de toda esta dramaturgia de gestos, de percepciones, de pensamientos y de afecto se hace posible para el colocador de tacos crear una espiral que inicia, en medio de la constricción de la jornada laboral, otra forma de habitar

el tiempo, otra manera de sostener un cuerpo y un espíritu en movimiento (Rancière, 2018c, p. 34).

La jornada laboral narrada por Gauny (y recontada por Rancière) altera el funcionamiento del tiempo: se trata de partir de un punto singular cualquiera, en un momento cualquiera, y extender articulaciones en direcciones imprevistas, inventando otras relaciones. Pero es importante destacar aquí que el ensueño no es una fabulación escapista que pretende llenar el tiempo vacío del aburrimiento, tomado en su acepción de "improductivo" y "sin valor". En la visión de Rancière (2017a), el aburrimiento es un borde que permite la alteración del tejido temporal y sus ritmos, ya que en este umbral las acciones no están más definidas por metas proyectadas, gestos que se agotan con el fin de alcanzarlas y obstáculos que las impiden. El tiempo vacío es la operación de disenso que, al igual que la superficie, permite que minutos, palabras, espacios y sueños se deslicen unos sobre los otros, alterando la forma habitual de organizar la experiencia. En otras palabras, el tiempo vacío "es también un momento pleno en el que una vida entera se condensa, donde varias temporalidades se mezclan y donde la inactividad de un ensueño fabulador (*rêverie*) entra en armonía con la actividad del universo" (Rancière, 2017b, p. 13). Por tanto,

> Vivir otra vida es, en primer lugar, habitar otro tiempo. Y el aburrimiento es la entrada a este otro tiempo. Es la experiencia del tiempo vacío, un tiempo normalmente desconocido por aquellos que suelen repartir su cotidiano entre el trabajo que alimenta y el descanso que repara. Por eso el aburrimiento no es simplemente una frustración, es también una conquista, una transgresión de la división que separa a los humanos en dos, según su manera de habitar el tiempo (Rancière, 2017b, p. 136).

Podemos decir, por tanto, que "el aburrimiento parece estar relacionado con aquello que impide a un cuerpo de volver a experimentarse a sí mismo, desvinculándose de sus posiciones habituales y fracturando el conjunto de sus esperados gestos corporales" (Quintana, 2019, p. 217).

La *rêverie* interrumpe la peripecia que hace que los sujetos pasen de una acción a otra y los lanza al umbral de una temporalidad suspendida; permite una apertura del "momento cualquiera", "que no se extiende o se encamina hacia ningún fin, sino que se dilata al infinito, incluyendo virtualmente todo el resto del tiempo y del espacio" (Rancière, 2017b, p. 131). Cuando el carpintero Gauny mira por la ventana, comenta Rancière, logra recuperar el tiempo que inicialmente no le pertenecía, transformando una sucesión continua de horas en un encuentro de múltiples temporalidades y gestos. Los ensueños hacen derivar los pensamientos que, a su vez, ocurren inesperadamente y alteran los ritmos del cuerpo, mezclando afectos e intensidades en encadenamientos contradictorios de pensamientos. Los intervalos que hacen intermitente el tiempo de trabajo y que evidencian su interrupción para la aparición de escenas propicias al ensueño fabulador promueven, así, un proceso de subjetivación, resistencia y transformación (Rancière, 2018a, 2018c). "El punto fundamental no es la relación entre soberanía y sujeción, sino la posibilidad de reconstruir un universo vivido, de percibir, hablar o actuar de una manera diferente a las formas de experiencia que nos son atribuidas" (Rancière, 2020, p. 835).

El aburrimiento que abre espacio a la temporalidad del ensueño es el intervalo de la apropiación transformadora de "momentos singulares e imprevisibles en los que el brillo de una quimera encontrando lo inevitable de una situación perfora la rutina de la existencia" (Rancière, 2013a, p. 24). La valorización del "momento cualquiera", que explota el tiempo dominante, es central para permitir un juego complejo de coexistencias de acontecimientos heterogéneos y temporalidades concomitantes:

> La descripción de los momentos sensibles impone una construcción temporal que hace explotar la temporalidad normal de la progresión de las historias. [...] Sin embargo, las propias articulaciones del pasado, presente y futuro, que ordenaban el tiempo de la ficción en una progresión, pasan al régimen de la coexistencia. Ahora se encuentran en el interior de cada presente. Es también por esto que este mismo presente se da a través de varios presentes narrativos, cada uno poblado, por la precisión del detalle (Rancière, 2013b, p. 51).

El tiempo de la coexistencia de múltiples temporalidades (momento cualquiera) y su relación con los ensueños y la fabulación ficcional preparan una superficie sobre la cual las imágenes, los cuerpos, los gestos, los sonidos que aparecen no eran los esperados, escapan a las convenciones acordadas y hacen que las conexiones entre distintas temporalidades y elementos no funcionen de manera predecible. En el ensueño, todo será desplazado, sacudido, aturdiendo no solo una forma consensual de montaje y encuadre, sino también del aparecer de los sujetos (Rancière, 2017b).

Rancière (2013a) confiere al momento cualquiera una dimensión de límite, frontera, cambio y transgresión capaz de levantar puentes y establecer pasajes entre lo que se considera legible y visible y lo que se considera opaco e ininteligible; entre lo que alcanza y cumple las expectativas y lo que perfora el *continuum* con lo inesperado.

La experiencia vivida por Gauny y los obreros que se apropiaban del tiempo de descanso para crear y fabular otro mundo posible, establece "otra imagen del tiempo: un tiempo de coexistencia, de igualdad y de interexpresividad de los momentos, opuesto al tiempo de la sucesión jerárquica y a la destrucción de un momento por aquel que lo vive" (Rancière, 2017a, p. 136).

En el corazón del momento cualquiera, un momento de oscilación que se mantiene en el borde "entre la nada y el todo", es una forma política de ficción que no conecta los acontecimientos a partir de la causalidad rumbo al desenlace previsto. La ficción es una forma de racionalidad que puede dar otro tratamiento al tiempo y a la forma que este adopta: se trata de una poética del conocimiento que rechaza la sucesión causal que determina "cómo las cosas deberían acontecer", para valorar el modo "cómo las cosas pueden acontecer" (Rancière, 2017b, p. 133).

> El momento cualquiera, de hecho, no es cualquier momento. Por supuesto que puede ocurrir a cualquier instante, por cualquier circunstancia insignificante. Pero es también un momento siempre decisivo, el momento de sacudida que se conserva entre la nada y el todo. Se encuentra en esta frontera en la que las vidas que van a caer en la nada se elevan a una totalidad de tiempo y de injusticia, es quizás la política más profunda de la literatura (Rancière, 2017b, pp. 154-155).

Es importante mencionar aquí que Rancière hace una distinción entre el "momento cualquiera" y el "desmedido momento". Además de que estas nociones son los títulos de capítulos separados del libro *Les bords de la fiction*, parecen relacionarse con dos acciones distintas que permiten la ruptura entre "lo que existe" (lo que se da a ver a través de un régimen policial" y "lo que acontece" (lo que puede ser reconfigurado por los sujetos en sus agencias y apariciones políticas) (Rancière, 2017a, p. 175). Aunque estas temporalidades permanecen entrelazadas, el momento cualquiera parece caracterizar la interrupción del modo dominante que orienta el proceso de producción de sentido, abriendo espacio para la aparición de un sentido común que conecta sujetos, elementos y enunciados sin subordinarlos ni destruirlos. El momento cualquiera abre el borde, el umbral de pasaje entre el todo y la nada, la ausencia de vacíos y el exceso, el consenso y el disenso. Por su parte, el desmedido momento es el vector de producción de la fabulación que conduce a este pasaje. Es un gesto, un acontecimiento que "se expande sin cesar en el intersticio del momento cualquiera" (Rancière, 2017a, p. 185). El desmedido momento hace posible la fabulación como la capacidad de sobrepasar el borde para entrar en los espacios donde se pierde todo sentido de la realidad junto con las identidades impuestas y sus pretendidas ausencias de devenir.

Por otro lado, el "tiempo del después", como lo denomina Rancière (2013a) en su análisis de las películas del cineasta húngaro Béla Tarr, parece apuntar para el devenir como horizonte de posibilidades de una acción que, desplegada en el presente, se conecta con el pasado para preparar un futuro que depende de la escena de resistencia del presente. Como señala Anders Fjeld (2017, p. 34), el tiempo del después no es la consecuencia lógica de un tiempo que lo precede. Rechaza el esquema de causa y efecto, de antes y después: "es este tiempo que entrelaza la pérdida de los puntos de referencia y del sentido de orientación, con la necesidad de continuar, de existir. No es el tiempo del después del fracaso y la caída, sino ese espacio existencial que perdura en los intervalos de un ahora que ha sido sustraído, un ahora de planificaciones, de coordenadas, de esquemas de causas y efectos". Así, el tiempo del después no se ocupa de descifrar los mecanismos de dominación en busca de una historización de las condiciones de emancipación: es el tiempo que renueva las condiciones de la experiencia sensible, yuxtaponiendo sus superficies sin estabilizarlas, incluso a riesgo de no desdoblarse.

> El tiempo del después rompe el sistema representativo de historias, acciones y encadenamientos lógicos: es el tiempo después de las historias, donde nos interesamos directamente por la materia sensible con la que se pueden tallar atajos entre un fin proyectado y un fin que acontece. [...] El tiempo del después no es el después de las falsas promesas comunistas, ni el después de las historias representativas, sino el tejido sensible del tiempo que persiste, el tiempo en el que reside una dimensión existencial que engloba las acciones y pensamientos que orientan nuevas formas de experiencia y existencia (Fjeld, 2017, pp. 39 y 49).

Según Fjeld, el tiempo del después abarca la densidad de una temporalidad que perdura, que lanza algunos hilos y líneas de escape responsables de impulsar a lo desconocido, hilos que "atraviesan el tejido de la repetición y se orientan no por la explicación, sino por la experimentación de ritmos en el salto a lo desconocido" (Fjeld, 2017, p. 54). Es justamente este "salto al espacio del medio" (Rancière, 2017a, p. 161) que establece la posibilidad de creación de un espacio no familiar, que hace que la vida vaya más allá de sí misma, instaurándose en espacios y tiempos aún no registrados por el orden controlador. La forma en que los fragmentos de tiempo se entrelazan en los pasajes espiralados entre cualquier temporalidad, desmedida y desplegable es cocreadora: se deslizan unos sobre los otros sin nunca borrar los anteriores.

> El tiempo del después no es el de la razón reencontrada ni el del desastre esperado. Es el tiempo del después de las historias, el tiempo en que el interés recae

directamente sobre la red sensible en la cual estas labran sus caminos entre un fin proyectado y un fin subsecuente. No es el tiempo en que se hacen bellas frases o bonitos planes para compensar el vacío de toda espera. Es el tiempo en que el interés recae sobre la propia expectativa (Rancière, 2013a, p. 96).

El espacio y el tiempo de la ficción suspensiva confieren otra inteligibilidad a la experiencia cotidiana, poniendo en cuestión la forma habitual de ocupar un lugar, de identificarse como individuo, de inscribirse en las relaciones y en el modo de disponer objetos y ubicarse con respecto a ellos. La ficción que opera en el borde del momento cualquiera, al definirse como una coexistencia entre las experimentaciones y sus múltiples posibilidades de realización, produce un trabajo de disenso que marca la creación de posibilidades emancipadoras. La experiencia abierta por el momento cualquiera ofrece la posibilidad de "oscilación entre la reproducción de lo mismo y la posible emergencia de lo nuevo" y del salto hacia "otras formas de identificar acontecimientos y actores y otros modos de articularlos para construir mundos e historias comunes" (Rancière, 2017a, p. 13).

Vimos en este capítulo que los textos escritos por Gauny le permiten a Rancière una reflexión acerca de la experiencia emancipadora a partir de la articulación entre algunos elementos específicos, entre ellos, el ensueño, la superficie de aparición y el momento cualquiera. Rancière elabora escenas en las que su experiencia encuentra las experiencias de los obreros a partir del "operador de diferencia" en la escritura amparada por "operaciones teóricas que van a reencuadrar la configuración de un problema" (Rancière, 2011, p. 2).

> Una escena puede desdoblarse a partir de una mirada por la ventana, una cita entre dos personas, la narración de un domingo en el campo, etc., pues estas singularidades testimonian, al mismo tiempo, la realidad material de una separación de las formas de la experiencia y el esfuerzo por transgredirla, para entrar en otro modo de tejer lo común, reconfigurando un universo sensible. La escena es el operador que permite comprender un mundo a partir del conflicto que se dibuja sobre el borde que separa lo que está dentro y lo que está fuera, lo que existe y lo que no existe, lo que tiene sentido y lo que no tiene ningún sentido (Rancière, 2020, p. 840).

Las experiencias son la base de la configuración sensible del mundo vivido en común. En la escena, las coordenadas de una experiencia se alteran, pues se fabrican a partir de la "suspensión del orden ordinario del tiempo, el modo habitual de ocupar un espacio, la forma de identificarse como individuo y de inscribirse en las relaciones" (Rancière, 2018a, p. 85). La política, según

Rancière (1995), es la configuración de una forma específica de experiencia, mejor dicho, de un borde específico para la producción de la experiencia que tensiona a las demás, porque desafía la jerarquía que conecta la mirada y la escucha a los dispositivos de control y previsibilidad. Tal actividad de invención de las operaciones que producen disenso permite una redescripción y reconfiguración del mundo común de la experiencia.

Es en este sentido que podemos hablar de la poética de la política, un lenguaje de intervalos, senderos y discontinuidades que imposibilitan un guion de la experiencia de los sujetos, funcionando a partir de la diferencia, del dinamismo conflictivo, para crear y abrir brechas a la aparición de lo que nunca se ha visto (Rancière, 2019a). Este es un lenguaje que nos sitúa en el borde de nuestra existencia ética: que nos confronta a otros dichos y rostros, que nos invita a considerar cuáles serían los mapas y coordenadas de la experiencia que podrían configurar una escena para hacer visible la invisibilidad de las desigualdades, para ofrecer imágenes excesivas junto a imágenes de control. En otras palabras, para borrar jerarquías inmunizadas contra otros espacios y temporalidades espirales en los que cualesquier sujetos aparecen y derraman órdenes de poder que alimentan los odios, mostrando que la árida superficie del *sertão* es vasta, pero también alberga constelaciones únicas de senderos, refugios y singularidades en alianza.

Referencias

CALDERÓN, Andrea Soto. *La performatividad de las imágenes*. Santiago de Chile: Ediciones Metales Pesados, 2020.

DOUAILLER, Stéphane. La voz de Louis Gabriel Gauny. *In*: FJELD, Anders; TASSIN, Étienne (ed.). *Jacques Rancière*. Madrid: Katz, 2017, pp. 13-32.

FJELD, Anders. Después de la última promesa. Entre el cine de Béla Tarr y la filosofía de Jacques Rancière. *In*: FJELD, Anders; TASSIN, Étienne (ed.). *Jacques Rancière*. Madrid: Katz, 2017, pp. 33-56.

MONDZAIN, Marie-José. *Confiscação*. Belo Horizonte: Relicário, 2022.

QUINTANA, Laura. La estética de la política y la política de la estética: colaboraciones, pasajes, fronteras. En MANRIQUE, Carlos A.; QUINTANA, Laura (org.). *Cómo se forma un sujeto político*: prácticas estéticas y acciones colectivas. Bogotá: Ediciones Uniandes, 2016, pp. 1-28.

QUINTANA, Laura. Jacques Rancière and the emancipation of bodies. *Philosophy and Social Criticism*, [*s.l.*], v. 45, n. 2, pp. 212-238, 2019. Disponible en https://journals.sagepub.com/doi/10.1177/0191453718780529. Acceso en 25 feb. 2023.

RANCIERE, Jacques. *Louis-Gabriel Gauny. Le philosophe plébéin*. Paris: La Découverte-Maspero/Université de Vincennes, 1985.

RANCIÈRE, Jacques. *A Noite dos Proletários*. São Paulo: Companhia das Letras, 1988.

RANCIÈRE, Jacques. *La Mésentente:* politique et philosophie. Paris: Galilée, 1995.

RANCIÈRE, Jacques. The method of equality: an answer to some questions. En ROCKHILL, Gabriel; WATTS, Philip. (ed.). *Jacques Rancière:* History, Politics, Aesthetics. Duke University Press: 2009ª, pp. 273-288.

RANCIÈRE, Jacques. *Et tant pis pour les gens fatiguées*. Paris: Éditions Amsterdam, 2009b.

RANCIÈRE, Jacques. The thinking of dissensus: politics and aesthetics. En BOWMAN, Paul; STAMP, Richard. *Reading Rancière*. London: Continuum International Publishing Group, 2011, pp. 1-17.

RANCIÈRE, Jacques. *O espectador emancipado*. São Paulo: Martins Fontes, 2012.

RANCIÈRE, Jacques. *Aisthesis*: scenes from the aesthetic regime of art. London: Verso, 2013a.

RANCIÈRE, Jacques. *Béla Tarr*: o tempo do depois. Lisboa: Orfeu Negro, 2013b.

RANCIÈRE, Jacques. *The method of equality*. Interviews with Laurent Jeanpierre and Dork Zabunyan. Cambridge: Polity Press, 2016.

RANCIÈRE, Jacques. *Les bords de la fiction*. Paris: Éditions du Seuil, 2017a.

RANCIÈRE, Jacques. *O fio Perdido:* ensaios Sobre a Ficção Moderna. São Paulo: Martins Fontes, 2017b.

RANCIÈRE, Jacques. O desmedido momento. *Serrote*, São Paulo, n. 28, pp. 77-97, 2018a.

RANCIÈRE, Jacques. *La Méthode de la scène*. Paris: Éditions Lignes, 2018b.

RANCIÈRE, Jacques. *Les temps modernes*. Art, temps, politique. Paris: La Fabrique, 2018c.

RANCIÈRE, Jacques. *Le travail des images*. Conversations avec Andrea Soto Calderón. Dijon: Les Presses du Réel, 2019a.

RANCIÈRE, Jacques. El tiempo de los no-vencidos. *Revista de Estudios Sociales*, Bogotá, n. 70, pp. 79-86, 2019b.

RANCIÈRE, Jacques. *El litigio de las palabras*: diálogo sobre la política del lenguaje. Entrevista a Javier Bassas. [*S.l.*]: Ned Ediciones, 2019c.

RANCIÈRE, Jacques. La pensée des bords (entretien avec Fabienne Brugère). *Critique*, [*s.l.*], n. 881, pp. 828-840, 2020.

RANCIÈRE, Jacques. *João Guimarães Rosa*: a ficção à beira do nada. Belo Horizonte: Relicário, 2021.

RANCIÈRE, Jacques. *Pedro Costa:* les chambres du cinéaste. Paris, Montreuil: Les éditions de l'œil, 2022.

ROSS, Alison. Acting Through Inaction: the Distinction Between Leisure and Reverie in Jacques Rancière's Conception of Emancipation. *Journal of French and Francophone Philosophy - Revue de la philosophie française et de langue française*, Amherst, v. 27, n. 2, pp. 76-94, 2019. Disponible en http://jffp.pitt.edu/ojs/index.php/jffp/article/view/890. Acceso en 13 abr. 2023.

Capítulo 5

La experiencia en las teorías de Charles Sanders Peirce[1]

Clotilde Pérez

PPGCOM/USP

Beca de Productividad CNPq

Consideraciones iniciales

Charles Sanders Peirce (1839-1914), filósofo conocido por la genialidad expresada en varias ciencias como el más grande visionario de América (Fisch, 1986) y por la visión pansemiótica del universo (Noth, 1990, p. 39), fue un empirista, un realista, un pragmático. Se autodenominaba como científico experimental. Hay varios momentos de su vasta producción intelectual en los que este título gana densidad, claridad y pertinencia. Destaco aquí tres textos emblemáticos: 1) "The Fixation of Belief" (La fijación de la creencia, publicado en *Popular Science Monthly* 12, Noviembre, en 1877 y con reflexiones recientes en Pérez, 2023); 2) "How to Make Our Ideas Clear" (Como volver claras nuestras ideas, publicado en la revista Popular *Science Monthly*, 1878/93) y 3) What is Pragmatism? (¿Qué es el pragmatismo?, publicado en 1903). Estos textos son la base de la constitución de la máxima pragmática de Peirce y su Pragmatismo (1903), una teoría radical de la experiencia (Ibri, 2021; Fisch, 1986), también entendida como una teoría empirista del aprendizaje (Dazzani, 2008).

---

1   Traducción financiada con fondos PROAP CAPES.

La máxima pragmática de Peirce podría ser explicitada en la siguiente afirmación "Nuestra idea de cualquier cosa es nuestra idea de sus efectos sensibles" (CP 5.401). Otro momento ejemplar: "El significado racional de una palabra o de alguna expresión se encuentra, exclusivamente, en el concepto de su influencia concebible sobre la conducta de la vida", es decir, se localiza en sus efectos en lo cotidiano. Y continúa: "Ya que es obvio que algo que no resulta de un experimento pueda ejercer cualquier influencia directa sobre la conducta [...]". Esto quiere decir que, según Peirce, la adecuada comprensión del significado de un concepto debe comenzar por la esquematización a partir de la imaginación de las consecuencias prácticas de una determinada representación y dirigirse, inmediatamente después, al mundo, buscando confirmación, vinculándose así a la experiencia. Para Peirce, un concepto solo puede representar la recurrencia y la continuidad de relaciones reales basadas en las cosas y los fenómenos y no en las mentes de los intérpretes. La "permanencia representada en el concepto está en las cosas y no configura así una imposición de la subjetividad humana a los fenómenos" (Peirce, 1988, p. 336). Entendía que lo real es lo que es, independientemente de una mente específica o del conjunto de mentes pensantes privilegiadas.

Peirce trae una primera referencia cuando menciona al filósofo y fraile Roger Bacon (1220-1292), un científico de mediados del siglo XIII, y su concepción de la experiencia; decía Bacon: "Solo la experiencia enseña algo". Cuatro siglos más tarde, ya en el siglo XVII, el otro Bacon (Francis Bacon, Londres, 1561-1626), en el primer libro del *Novum Organum* (1620), dio su claro relato sobre el valor de la experiencia y cómo la experiencia debe estar abierta a una verificación y reanálisis permanentes; se le conoce como el inventor del método experimental, fundador de la ciencia moderna y el empirismo. Los primeros científicos occidentales, Copérnico (1473-1543), Tycho (1546-1601), Kepler (1571-1630), Galileo (1564-1642) y Gilbert (1544-1603), tenían métodos más parecidos a los de sus pares modernos en la visión de Peirce. Él afirma:

> Kepler, por ejemplo, se comprometió a trazar una curva a través de la órbita de Marte; primero, y su mayor servicio a la ciencia, fue el de colocar en la mente de los hombres que esto era lo que debía hacerse si deseaban mejorar la astronomía; que no se contentaran con preguntar si un sistema de epiciclos era mejor que otro, sino que prestaran atención a los números y descubrieran lo que era, en verdad, la curva. Lo consiguió con su incomparable energía y coraje, engañándose así mismo de la forma más inconcebible (para nosotros), yendo de una hipótesis irracional a otra, hasta que, después de intentarlo veintidós veces descubrió, por el puro agotamiento de su invención, la órbita que

una mente bien equipada con las armas de la lógica moderna habría intentado casi al principio (Peirce, 1988, p. 176).

Otro pasaje de "The Fixation of Belief" es aún más esclarecedor sobre el lugar y la importancia de la experiencia como fundamento de la elaboración teórica de los conceptos y de la propia verdad. Veamos:

Del mismo modo, cada obra de ciencia lo suficientemente grande para ser bien recordada durante algunas generaciones proporciona algún ejemplo del estado defectuoso del arte de razonar en la época en que fue escrita; y cada paso principal en la ciencia ha sido una lección de lógica. Así fue cuando Lavoisier y sus contemporáneos comenzaron el estudio de la química. La vieja máxima del químico era: "Lege, lege, lege, labora, ora, et relege". El método de Lavoisier no era leer y rezar, sino soñar que algún proceso químico largo y complicado tendría un cierto efecto, ponerlo en práctica con una tediosa paciencia después de su inevitable fracaso, soñar que con alguna modificación tendría otro resultado y terminar publicando el último sueño como un hecho: su método consistía en llevar su mente a su laboratorio, y hacer de sus alambiques y cucurbitáceas *instrumentos de pensamiento, dando una nueva concepción al acto de razonar como algo que debía hacerse con los ojos abiertos, manipulando cosas reales* en lugar de palabras y fantasías (Peirce, 1988, p. 177).

Para Peirce, el objetivo del razonamiento es descubrir, a partir de lo que ya sabemos, algo más que aún no sabemos, haciendo evolucionar el conocimiento. Por consiguiente, "el razonamiento es bueno si es para dar una conclusión verdadera a partir de premisas verdaderas, y no de otra forma" (Peirce, 1988, p. 178). La siguiente cita es directa en relación con el valor y la función desestabilizadora de la experiencia, tensionando las visiones antropocéntricas, de efectos psicológicos o incluso espiritualistas que, de alguna manera, otorgan un lugar destacado a la subjetividad y a la mente humana como expresiones genuinas de la inventiva y de la excelencia.

Somos, sin duda, los principales animales lógicos, pero no somos perfectos. La mayoría de nosotros, por ejemplo, somos naturalmente más sanguíneos y esperanzados de lo que la lógica justificaría. Parecemos estar tan bien constituidos que, en ausencia de hechos, estamos felices y nos sentimos satisfechos; así que el efecto de la *experiencia es contradecir continuamente nuestras esperanzas y aspiraciones.* Sin embargo, una vida entera de aplicación de esta corrección no suele erradicar nuestra disposición sanguínea. Donde la esperanza no se confronta a ninguna experiencia, es probable que nuestro optimismo sea extravagante. La lógica en relación con las cuestiones prácticas es la cualidad más útil que un animal puede poseer, y por tanto puede resultar de la acción de la selección natural; pero aparte de esto, es probablemente más ventajoso para el animal tener su mente llena de visiones agradables y alentadoras, independientemente de su verdad [...] (Peirce, 1988, pp. 178-179).

La centralidad de la experiencia en las reflexiones de Peirce se vinculó de manera inseparable a la inmersión, observación y elaboración mental a partir de la vida cotidiana y, en este camino, dedicó esfuerzos para comprender no solo cómo las personas sienten, piensan y actúan, sino como se forman los hábitos, elaborando una de sus teorías más famosas, el pragmatismo, con énfasis para la profundización de la comprensión de las nociones de creencia y duda, como veremos a seguir.

1. Duda y creencia, inquietud y paz, movimiento y calma

Uno de los intereses centrales de Peirce era comprender el "sentido común y las creencias que guían las acciones" (Ibri, 2021, p. 288), hasta porque "la creencia no es un modo momentáneo de conciencia, es un hábito mental que permanece [...]" (Peirce, 1988, p. 336), se cristaliza como certeza y se manifiesta en comportamientos relativamente predecibles, funcionando como una especie de espejo refractario a la duda, alejándola. Generalmente, sabemos cuándo queremos hacer una pregunta y cuándo queremos pronunciar un juicio, pues existe una distancia enorme entre la sensación de duda y la sensación de creer. Pero esto no es todo lo que distingue la duda de la creencia. Hay una diferencia práctica fundamental, sobre la cual Peirce llama la atención. Nuestras creencias guían nuestros deseos y moldean nuestras acciones. "El sentimiento de creer es una indicación más o menos cierta de que existe en nuestra naturaleza algún hábito que determinará nuestras acciones. La duda nunca tiene tal efecto" (Peirce, 1988, p. 181).

> La duda es un estado inquieto e insatisfecho con el que luchamos para liberarnos y pasar al estado de creencia; mientras que este último es un estado calmo y satisfactorio que no queremos evitar, ni cambiar para una creencia en cualquier otra cosa. Por el contrario, nos aferramos tenazmente no solo al creer, sino al creer en lo que realmente creemos (Peirce, 1988, p. 181).

Para Peirce, la duda y la creencia son palabras que se separan del empleo regular en el sentido común, pues están normalmente vinculadas a cuestiones religiosas y espirituales. Él las utiliza para nombrar el principio de cualquier cuestión (duda) y su resolución (creencia), sin ningún vínculo con la grandeza o complejidad involucradas en el origen de una u otra. La creencia tiene tres propiedades bien definidas: "La primera de ellas es algo de lo que nos damos cuenta; la segunda, aplaca la irritación de la duda; y la tercera, implica el establecimiento de una regla de acción en nuestra naturaleza, o, para ser breves, un hábito" (Peirce, 2008, p. 68). Ya la duda es tensión, incertidumbre, hesitación, que inmediatamente genera malestar e intranquilidad, por eso queremos libertarnos de ella.

Pero para el autor, tanto la duda como la creencia tienen efectos positivos sobre nosotros, aunque muy diferentes en naturaleza y consecuencias prácticas. La creencia no nos hace actuar inmediatamente, pero nos pone en una condición tal que nos comportaremos de cierta manera cuando la ocasión se presente, estamos "listos". La duda no tiene el menor de estos efectos, pero nos estimula a actuar para que sea destruida. La irritación de la duda causa un conflicto, una tensión, un choque, una condición necesaria para alcanzar el estado de creencia, y mejor y menos sufrido si es lo antes posible. Peirce llamó a esta indagación de lucha, aunque admitió que no era una designación muy adecuada. "La irritación de la duda es el único motivo inmediato en la lucha para alcanzar la creencia" (Peirce, 1988, p. 183). Ciertamente, es mejor para nosotros que nuestras creencias sean tales que puedan guiar realmente nuestras acciones de manera tal que satisfagan nuestros deseos. Y afirma Peirce (1988, p. 181): "Y esta reflexión nos hará rechazar cualquier creencia que no parezca haberse formado de tal manera que asegure este resultado". Pero solo lo hará creando una duda en el lugar de esta creencia. Con la duda, la lucha comienza y con el cese de la duda la lucha se desvanece. Por tanto, el único objeto de investigación es la formación de una opinión firme (creencia). Podemos imaginar que esto no es suficiente para nosotros y que buscamos no solo una opinión, sino una opinión verdadera. "Pero ponga esta fantasía a prueba, y se revelará infundada; porque una vez que una creencia firme se alcanza, nos quedamos enteramente satisfechos, ya sea la creencia verdadera o falsa" (Peirce, 1988, p. 182). Brillante pasaje de Peirce (1988, p. 184): "Y es evidente que nada fuera de la esfera de nuestro conocimiento puede ser nuestro objeto, porque nada que no afecte a la mente puede ser el motivo del esfuerzo mental. Lo máximo que se puede mantener es que buscamos una creencia que pensamos que es verdadera".

El hombre siente que, si solo mantiene su creencia inquebrantable, será enteramente satisfactoria, promoviendo una sensación de quietud. Peirce reitera afirmando que la creencia, independientemente del camino de su cristalización en pensamientos y comportamientos, tiene beneficios innegables: "Tampoco se puede negar que una fe firme e inquebrantable produce gran paz de espíritu" (Peirce, 1988, p. 186).

2. Métodos para la fijación de creencias

En Pérez (2023, pp. 34-74), se discute detalladamente sobre cada método de fijación de la creencia en Peirce, analizándolos en su momento histórico, así como las bases reflexivas de su radical actualidad, casi dos siglos después. A continuación, vamos a recorrer sucintamente cada método de sedimentación de la creencia, comenzando por la tenacidad, pasando luego por el método de la autoridad, el método a priori y terminando con el método científico, al que Peirce dedicó su vida intelectual.

a. **El método de la tenacidad:** como su nombre indica, es la expresión de la terquedad. Hay aquí una recusa a iniciar un proceso de indagación que lleve a cuestionar los fundamentos de las certezas ya cristalizadas. Solo hay convicciones, construidas por las conveniencias. Confía en las creencias y vete. Un concepto que, en la actualidad, retrata bien esta fijación de creencia es el negacionismo. Por más que la realidad se imponga, que lo real fuerce y explicite la verdad, la negamos deliberadamente. Existe un sentimiento, aunque ilusorio, de protección y comodidad; y la negación evita el desamparo y el malestar que surgen de la duda. Hay un cierto orgullo que proviene de la "certeza", que debe ser ferozmente preservado.

b. **El método de la autoridad:** es la fuerza de una organización, sociedad, institución, en fin, de una autoridad legitimada. Es el valor de la opinión, los preceptos y las creencias de una entidad reconocida que tiene el poder. Seguir el método de la autoridad "es el camino de la paz" (Peirce, 1988, p. 188). No se cuestiona, se sigue fielmente. Peirce afirma: "Para la masa de la humanidad, no existe tal vez mejor método que este. Si su mayor impulso es ser esclavos intelectuales, entonces deberán permanecer esclavos" (Peirce, 1988, p. 188). La lealtad a la autoridad se sobrepone sobre la búsqueda de la verdad. Es el método de las masas, por eso trae la comodidad de estar "entre iguales", compartiendo e identificándose en el colectivo.

c. **El método a priori:** aquí el individuo adopta la creencia conforme a la razón. Es un avance frente a los otros dos métodos, sin embargo, se asemeja al método de la autoridad, aunque ahora sea la "autoridad de la razón". "No significa lo que concuerda con la experiencia, sino lo que nos encontramos inclinados a creer" (Peirce, 1988, p. 189). Nuestra condición de existencia nos inclina a creer en ciertas perspectivas, muchas veces basadas en gustos y caprichos individuales o incluso en tendencias sociales. Peirce cree que el choque de opiniones puede cambiar esta creencia, pero ciertamente hay que ser mínimamente sensible al reconocimiento de que puede haber un camino diferente del que se está inclinado a creer.

d. **El método científico:** la investigación con método es la única que da cuenta de nuestras dudas, exactamente porque "se basa en algo independiente del ser humano, un principio de permanencia externa, sobre el que nuestro pensamiento no tiene efecto" (Peirce, 1988, p. 194). La siguiente cita es primorosa y facilita nuestra comprensión sobre el valor que Peirce le da al método científico:

> Existen cosas reales, cuyas características son enteramente independientes de nuestras opiniones sobre ellas; estas realidades afectan nuestros sentidos de acuerdo con leyes regulares, y aunque nuestras sensaciones sean tan diferentes como lo son nuestras relaciones con los objetos, sin embargo, aprovechando las leyes de la percepción, podemos descubrir, razonando, cómo son realmente las cosas; y cualquier hombre, si tiene suficiente experiencia y racionalizar lo suficiente sobre el tema, será conducido a la única conclusión verdadera (Peirce, 1988, pp. 194-195).

En "Cómo volver nuestras ideas claras", la preocupación de Peirce con la limpidez del pensamiento, posible a partir del método científico, se evidencia en varios momentos, pero hay un pasaje muy significativo porque señala los impactos desastrosos de las "ideas oscuras", especialmente entre los jóvenes. Veamos:

> Es terrible ver cómo una sola idea confusa, una única fórmula sin significado, escondida en la cabeza de un joven, actuará a veces como una obstrucción de una arteria, impidiendo la nutrición del cerebro, condenando a su víctima a languidecer en la abundancia del vigor y de la plenitud intelectual (Peirce, 2008, p. 63).

El desarrollo del método científico y su defensa sin restricciones por parte de Peirce se debe a su constante posición lógica de buscar las razones, los porqués y los cómo, aspecto bien destacado en Merrell (2012, p. 15) cuando se refiere al pensamiento y la semiótica de Peirce,

> La semiótica como perspectiva surge siempre que intentamos retroceder del "eso" de nuestros actos de comunicación y nos preguntamos a respecto de los "porqués", los "qués" y los "cómos" de estos actos. De la misma manera, la semiótica deriva de una curiosidad natural sobre nuestro mundo, nuestra cultura, nuestros modos de comunicación y lo que nos hace distinguirnos como humanos.

Es importante comprender que en los tres primeros métodos propuestos es el entendimiento humano que establece los términos de la fijación, por una decisión negacionista (tenacidad), por la sumisión a una autoridad (autoridad) o por inclinación (a priori), muy diferente de lo que sucede con el método científico, que se fundamenta en el reconocimiento de la alteridad y la realidad de las relaciones continuas, complejas y falibles entre las cosas y los vivientes en el mundo (Almeida, 2014). En otras palabras, pura experiencia.

4. Sobre la realidad en Peirce

Basta con que nos detengamos un momento a considerar lo que significa la palabra realidad para comprender los caminos teóricos de Peirce. Para el filósofo, los objetos se dividen en ficciones, sueños, imaginaciones, por un lado, y realidad por otro. "Los primeros son los que solo existen en la medida en que los imaginamos, yo, tú, cualquiera. Los segundos son aquellos que tienen una existencia independiente de nuestra mente. Lo real no es lo que nos ocurre en el pensamiento, sino aquello que no afecta lo que podamos pensar de él" (Peirce, 1988, p. 218). ¿Y dónde está lo real, la cosa independiente de cómo la pensamos? "Tiene que haber algo, ya que nuestras opiniones vienen dadas; hay algo, por tanto, que influye en nuestros pensamientos y que no fue creado por ellos" (Peirce, 1988, p. 218). Esta cosa exterior a la mente, que influye directamente en nuestra sensación y a través de la sensación también influye en el pensamiento, es independiente, porque está fuera de la mente, es, en síntesis, lo real.

La definición de lo real en Peirce es más una manifestación de su genialidad: "Real es aquello que es independiente de lo que una mente o colección de mentes pueda pensar sobre ello" (CP 5.457). La experiencia es el curso de la vida y este curso se conforma de acontecimientos, hechos, ocurrencias. Pero el hecho en sí y su correspondiente experiencia directa no son ni verdaderos ni falsos. No afirman nada, apenas ocurren. (CP 1.145). Así, notamos que la autonomía de las interpretaciones es siempre relativa, porque también están hechas de lenguaje. Aun así, no es un relativismo absoluto, hasta porque la realidad existe e insiste. Y este es el fundamento del método científico en Peirce: penetrar sensiblemente en la realidad, observarla de manera guiada y extraer las conclusiones y generalizaciones. Y tal realismo adquiere contornos más intensos cuando Peirce estabiliza su entendimiento sobre las categorías del pensamiento, a partir de la fenomenología, que para él era una ciencia catalogadora de las clases o tipos de experiencia, el dominio de la segundidad, como veremos. Peirce llega a una generalidad máxima sobre cómo ocurre el pensamiento, denominando estas posibilidades como primeridad, segundidad y terceridad.

La primeridad tipifica las experiencias espontáneas, libres y sin relación con nada más, como sucede con los sentimientos o las cualidades: la rojez, la blancura, la "azulidad"... La segundidad tipifica las experiencias de bruta alteridad, un existente concreto que se presenta con la fuerza de la realidad. La terceridad tipifica las experiencias cognitivas, relacionales, conceptuales, las conclusiones, los valores y las mediaciones. Las tres categorías representan los principios que operan en la naturaleza, a partir de una metafísica científica, es decir, el azar, la existencia y la ley –todos los principios objetivamente reconocidos como reales–. La realidad de las tres categorías y el realismo que está en su fundamento dan el sentido al realismo escolástico de Peirce, una influencia directa de Duns Scoto (1266-1308), teólogo y filósofo escocés, uno de los más importantes de la Edad Media, junto con Tomás de Aquino y Guillermo de Ockham, porque valora la experiencia, en contra de la idea de los principios universales como construcciones mentales; para Scotus, la "verdad" y la "bondad" existen en la realidad. Como también es evidente cuando Peirce ejemplifica: "Los planetas siempre estuvieron acelerados hacia el sol por millones de años antes de que existiera cualquier mente finita en un ser para tener alguna opinión sobre el tema. Por tanto, la ley de la gravitación es una realidad" (Peirce, 1976, p. 161).

Según Ibri (2020, p. 217), "el realismo peirciano es una hipótesis metafísica que justificaría porque nuestra racionalidad está autorizada a tomar decisiones, dejando en paz a los dioses, ocupados que estarían inspirando mentes que buscan recoger de lo real lo que las redes cognitivamente lógicas tienen necesariamente que abandonar". Estas palabras refuerzan el realismo de Peirce y su distanciamiento de los caminos teológicos que se materializan en las instituciones religiosas e iluminan el pensamiento fundacional del falibilismo, ya que todo conocimiento es falible sencillamente porque contiene las posibilidades de ocurrencia de los fenómenos, pero también las desviaciones de las leyes, en continuo crecimiento. Estas desviaciones son denominadas por Peirce como residuos del mundo cognoscible y son tratadas por Ibri (2020, pp. 100-109) desde una perspectiva que explora los límites ontológicos de la Ciencia, haciendo referencia a las "cosas sin nombre", ya que los nombres existen como una estrategia de comprensión y fijación de los fenómenos que presentan orden, recurrencia y regularidad. Otras reflexiones primorosas sobre el realismo en Peirce se pueden acceder en la obra de Ibri (2020), principalmente en la sección C, en la que se exploran y se justifican detalladamente las bases del realismo de Peirce.

5. Experiencia colateral

Experiencia colateral es el nombre dado por Peirce a una condición basada en el "conocimiento previo de lo que un signo denota" (CP 8.179), pasaje en el cual el autor explora el concepto de interpretante en la triada básica del signo. Peirce llama la atención para diferenciar la familiaridad o intimidad previa, en las palabras de Almeida (2022), que se debe tener del sistema de signos de lo que es lateral, es decir, un conocimiento que está fuera del signo. Esta experiencia que está fuera del signo proporcionaría a la Teoría General de los Signos un aparato conceptual capaz de describir el ambiente experiencial en el cual se desenvuelve el proceso interpretativo. El concepto fue desarrollado por Peirce para capturar los complejos mecanismos que operan en las dinámicas sígnicas entre el proceso interpretativo y los factores y condiciones contextuales. Entiende que hay conocimientos preexistentes que funcionarían como requisitos previos para que el proceso sígnico suceda y hay otros conocimientos relacionados con lo que el signo denota (experiencia colateral). De acuerdo con la interpretación de Bergman (2010), el concepto parece indicar un cambio importante en la filosofía semiótica de Peirce: "parece que la primacía de la esfera semiótica ha sido reemplazada por una capa más básica de experiencia cruda" (Bergman, 2010, p. 151). Pese a esta lectura posible, está más acorde con la concepción peirciana comprender que no hubo primacía de la experiencia sobre la "semiótica", hasta porque la semiosis se vuelve, en realidad, accesible por la experiencia.

Así, la experiencia colateral, que no es necesariamente "lateral", sino parte del proceso de significación, corresponde a lo que está fuera del signo, externo al interpretante, pero que ayuda y posibilita la comprensión de los significados. Este conocimiento previo y el conocimiento de la potencialidad denotativa del signo son el resultado de la experiencia, lo que corresponde a un estado cognitivo que es el resultado de la percepción (Peirce, MS 675).

6. La importancia de una "Comunidad de investigadores" para la constitución de la verdad

Para Peirce, la verdad se identificaría con la opinión final a la que llegaría una comunidad de investigadores si llevaran sus investigaciones adelante el tiempo necesario, siguiendo estrictamente el método científico (W 3.273). Notamos aquí una identificación entre *lo real y la verdad*. En cierta medida, lo real se define como aquello que es independiente del pensamiento de cualquier individuo o conjunto de individuos y, al mismo tiempo, como aquello sobre lo que la comunidad de investigadores se pondría de acuerdo en el largo camino de la investigación, llegando a la opinión final que revelaría nada menos que la verdad sobre el objeto investigado. Parece contradictorio, pero no lo es. El propio Peirce aclara:

> [...] Por un lado, la realidad es independiente, no necesariamente del pensamiento en general, sino solo de lo que tú o yo o cualquier número finito de hombres pueda pensar sobre ella; por otro lado, aunque el objeto de la opinión final dependa de lo que la opinión es, aun así, lo que tal opinión es no depende de lo que tú o yo o cualquier hombre piense. Nuestra perversidad y la de otros puede incluso, indefinidamente, retrasar el establecimiento de la opinión; puede, incluso es posible, hacer que una proposición arbitraria sea aceptada universalmente, mientras dure la raza humana. Sin embargo, esto no cambiaría la naturaleza de la única creencia que resultaría de una investigación suficientemente profunda. Y si, después de la extinción de nuestra raza, surgiera otra con facultad y disposición para la investigación, sería a aquella opinión verdadera a la que llegarían (CP 5.408).

En síntesis, si la verdad forma parte o no, si es representada por el hombre o no, si es un objeto o no, no tiene mucha importancia para Peirce. En Peirce no hay lugar para el antropocentrismo. Lo real permanece independiente de la falsedad de cualquier representación producida. "Si no existe un primero, tampoco existe un último signo en el proceso ilimitado de la semiosis" (Nöth, 1990, p. 43), y el método científico, en su ejercicio ideal, contempla este movimiento ilimitado del proceso de significación.

La ciencia es un cuerpo vivo y en crecimiento (CP 6.428), constituida por un método autocorrectivo y siempre dirigido al mundo fenoménico, la realidad, y en busca de confirmaciones, más que de conclusiones absolutas –fundamento del falibilismo–. Para Peirce, el método científico debe ser pensado como un proceso esencialmente comunitario y social, como un procedimiento de carácter irrevocablemente cooperativo y público, que permite que las idiosincrasias individuales eventualmente causadas por las limitaciones (cognitivas, éticas y afectivas) de cada uno de los investigadores particulares puedan ser superadas, a fin de corregir posibles errores durante el recorrido, idealmente infinito de la investigación, cuya dirección es la verdad y cuyo objeto es lo real, accesible por la experiencia.

Solo una comunidad de investigadores sin limitaciones –una utopía cuando experimentamos las condiciones generales de la investigación y de los investigadores en el mundo y, particularmente, en Brasil– es capaz de aumentar el conocimiento cuya actitud ante los fenómenos, única posibilidad donde los hábitos generales que enmarcan y las leyes de la naturaleza pueden ser verificados pragmáticamente, sea de consideración y reverencia o, en palabras de Peirce (CP 5.311), "debe ser siempre la de un profundo respeto, de carácter ontológico que, por otra parte se refleja, epistemológicamente, en la permanencia del diálogo entre las representaciones y la realidad. La ciencia es una práctica viva y los investigadores son responsables del constante progreso en busca de la verdad".

Así, la experiencia para Peirce es un concepto amplio, que abarca todo el proceso de investigación, comenzando por la esquematización concebible de los efectos (la innovación del pragmatismo), pasando por la observación de los fenómenos vinculados a las acciones, conductas y hábitos humanos y, partiendo de ellos, llegando a formas generales y relacionales susceptibles de ser descritas, elaboradas, teorizadas, generalizadas. Es importante recordar que la forma en que actuamos generalmente hacia los fines que admiramos, sean cuales sean, revela quiénes somos. Todos, incluso el universo, se dirigen a lo admirable, al fin último e incondicional, a la racionalidad concreta. La teoría y la vida no están separadas, están en continua conexión. "La única manera de saber lo que el hombre cree es observar cómo actúa" (Peirce, 1988, p.179).

Consideraciones finales

Tras este recorrido, que buscó articular tres textos referenciales en la obra de Peirce, *The Fixation of Belief* (1877), *How to Make Our Ideas Clear* (1878/93), y *What is Pragmatism?* (1903), y destacados lectores de su obra, como Ibri (2020, 2021), Nöth (1990), Merell (2012), Fisch (1986), Dazzani (2008), Almeida (2014) y Pérez (2023), siempre en el sentido de iluminar la comprensión del autor sobre la experiencia, somos capaces de reafirmar que toda su vida intelectual y la exuberante fertilidad de sus textos revelan la determinación en mostrar y comprobar que el único camino para la verdad, aunque sea provisional, como comprobado en la doctrina del falibilismo, es el método científico, ya que se basa en la realidad. Y es a través de la experiencia, de la realidad accedida espontáneamente por medio de lo sensible (primeridad), de la existencia concreta y bruta (segundidad) y de la comprensión de los fenómenos (terceridad) que comprendemos el mundo, las relaciones y los fenómenos de todo tipo –condición para la construcción de conceptos, conductas y hábitos humanos–.

Otra consideración contundente es el esfuerzo del autor en explicitar que la realidad existe y persiste, que está ahí ante nosotros, independientemente del pensamiento humano o de una colectividad de investigadores. Así, la elaboración de un concepto y su denominación se hacen a partir de las cosas y de las relaciones reales entre ellas. Para Peirce, lo real siempre permanecerá independiente de cualquier representación falsa (intencional o no), incluso si es duradera y promulgada por las instituciones, porque es lo que es, incluso si mediada falsamente. Su latencia puede prolongarse, pero cada vez que una comunidad de investigadores logra llevar el método científico adelante, se enfrentará con la emergencia de la verdad.

También es posible comprender que la experiencia se configura como una posibilidad de cuestionamiento de la creencia, independientemente de los fundamentos de su fijación. La experiencia puede confrontar y cuestionar la creencia establecida y, con ello, desencadenar el choque, llevando a la condición inquietante de la duda y a la búsqueda de una nueva creencia, siempre una oportunidad de ser "mejor" que la anterior, entendiendo la perspectiva de Peirce de que el método científico es el único que da acceso a la realidad, independientemente de nuestras opiniones sobre ella. Por eso, quien no se atreve a conocer la verdad –vía método científico–, pero busca eludirla, evitarla o negarla, se encuentra, en verdad, en un estado de ánimo lamentable (Peirce, 1988, p. 199).

Referencias

ALMEIDA, Rodrigo Vieira. Pragmatismo e pragmaticismo – o embate peirceano. Entrevista. *IHU online*, São Leopoldo, Edição 457, 2014. Disponible en https://www.ihuonline.unisinos.br/artigo/5749-rodrigo-almeida. Acceso en 27 oct. 2022.

BERGMAN, Mats C. S. Peirce on Interpretation and Collateral Experience. *Signs – International Journal of Semiotics*, Copenhage, v. 4, pp. 134-161, 2010. Disponible en https://tidsskrift.dk/signs/article/view/26855. Acceso en 08 feb. 2023.

DAZZANI, Maria Virginia Machado. O pragmatismo de Peirce como teoria do conhecimento e aprendizagem. *Caderno Seminal Digital*, Rio de Janeiro, ano 14, v. 10, n. 10, pp. 283-311, 2008. Disponible en https://www.e-publicacoes.uerj.br/index.php/cadernoseminal/article/view/12693/9848. Acceso en 14 nov. 2022.

HARTSHORNE, Charles; WEISS, Paul. (Org. v. 1-6). URKS, Arthur. (org. v. 7-8). *Collected papers of Charles S. Peirce* (CP). Cambridge, MA: Harvard University Press, 1931-1958.

IBRI, Ivo. *Semiótica e Pragmatismo*. Interfaces teóricas. Vol. I. São Paulo: Cultura Acadêmica, 2020.

IBRI, Ivo. *Semiótica e Pragmatismo*. Interfaces teóricas. Vol. II. São Paulo: Cultura Acadêmica, 2021.

FISCH, Max. *Peirce, semeiotic and pragmatism*. Bloomington: Indiana University Press, 1986.

MERRELL, Floyd. *A semiótica de Charles S. Peirce Hoje.* Ijuí: Editora Ijuí, 2012.

NÖTH, Winfried. *Handbool of semiotics.* Bloomington: Indiana University Press, 1990.

PEIRCE, Charles S. *The New Elements of Mathematics by Charles S. Peirce.* Edited by Carolyn Eisele. The Hague: Mouton, 1976.

PEIRCE, Charles S. *El hombre, un signo.* El pragmatismo de Peirce. Barcelona: Editorial Critica, 1988. Título original The Collected Papers of Charles Sanders Peirce, 1965.

PEIRCE, Charles Sanders. What Pragmatism is. *In*: PEIRCE, Charles Sanders. *The Essential Peirce:* Selected Philosophical Writings. Vol. 2 (1893-1913). Bloomington: Indiana University Press, 1998. pp. 161-181.

PEIRCE, Charles S. *Ilustrações da Lógica da Ciência.* São Paulo: Ideias & Letras, 2008.

PÉREZ, Clotilde (org.). *A fixação da crença.* São Paulo: Paulus, 2023. (Coleção clássicos para a Comunicação).

Nota bibliográfica

Las referencias a los textos de Peirce fueron utilizadas desde diferentes versiones de su obra, hecho justificado por las distintas ediciones ya publicadas. Así, cuando surge la notación CP estamos refiriéndonos a los *Collected Papers of Charles S. Peirce* (1931-1958). Hay también referencias a la obra *El hombre, un signo*, traducida del inglés al español, con riqueza de notas explicativas y profundizaciones, pero también basado en los CPs. Y en concreto en el texto "*The Fixation of Belief*", también hay referencias a partir del libro, organizado por Clotilde Pérez (2023), con análisis actuales sobre la versión original de 1877, incluyendo una nueva traducción para el idioma portugués.

Capítulo 6

Reflexiones sobre la dinámica transmedia de (des)información a la luz de las nociones peirceanas de experiencia y comunicación

Geane Carvalho Alzamora

PPGCOM/UFMG

Beca de Productividad CNPq

> "Experiencia es el total resultado cognitivo del vivir",
> o incluso: "experiencia es el curso de la vida".
>
> (CP 1.426)

Introducción

Aunque parece innecesario enfatizar la necesaria relación entre experiencia y comunicación, teniendo en cuenta la imposibilidad de que haya comunicación sin implicar alguna forma de experiencia, se busca elucidar cómo y en qué medida una circunstancia implica a otra y cuáles serían los límites y las potencialidades derivadas de tal imbricación empírico-conceptual. Específicamente, se pretende: a) señalar algunas consecuencias de la experiencia en la comunicación contemporánea; b) reflexionar sobre tales implicaciones en la dinámica transmedia de (des)información.

Asumimos que la comunicación contemporánea es marcadamente transmediática, es decir, anclada en modalidades fluidas de producción de información, distribución multiplataforma y propagación en red impulsada por la acción integrada de agentes humanos y algorítmicos. La desinformación emerge de este escenario como una especie de distorsión ética de la información, no su contrario. Por esto, priorizamos la expresión (des)información porque entendemos que la desinformación es una manifestación imprecisa y opaca de la ambigua configuración contemporánea de la información.

El prefijo *des*, que puede referirse tanto a la negación como al proceso de cambio, confiere un sentido polisémico a la (des)información. La expresión se usa para negar la información original, alterar su significado por repetición descontextualizada o incluso indicar un retorno al significado desvanecido de la información. En sus más variados matices, la (des)información produce ruido, distorsión, engaño o simplemente adhesión social a la mentira.

Fenómeno endémico de la contemporaneidad, la (des)información integra nuestras experiencias cotidianas a través de estándares de comunicación y poder que intensifican la dinámica del capitalismo de la información. Se trata de la sociedad de la desinformación (Marshall, 2017), una forma de desarrollo distópico de la sociedad de la información, ya que todavía está marcada por el capitalismo de datos y la comunicación en red que caracterizan a la sociedad de la información (Castells, 1999). El paso de un régimen de información a otro no es abrupto, ni suave, sino condicionado por la indiferenciación cada vez más densa, tensa y compleja entre modalidades variadas de (des)información.

A primera vista, la experiencia parece ser el muelle propulsor de la dinámica sociotécnica que pone en relieve ciertas informaciones en detrimento de otras. Configura, así, la instancia indicadora de la propagación tanto de la información, como de su doble opuesto, la (des)información. La experiencia hoy, perceptiblemente la experiencia mediática, se encuentra profundamente vinculada a las condiciones técnicas de las conexiones digitales y a las especificidades de la lógica de la comunicación transmedia, que delinean tanto las variadas experiencias mediáticas en las conexiones digitales, como uno de sus productos más controvertidos: la propagación de la (des)información en red.

Jenkins (2016) utilizó la expresión lógica transmedia para designar la relación esencial entre consumidores, productores y textos en la contemporaneidad. Según Jenkins (2016), la lógica transmedia se ancla en los siete principios de la narrativa transmedia, por él propuestos en 2009: potencial de compartir/profundidad; continuidad/multiplicidad; inmersión/extracción; construcción de universos; serialidad; subjetividad; performance (Jenkins et al., 2009). Aunque Jenkins no haya tratado específicamente la experiencia al describir la lógica transmedia, es innegable el papel de la experiencia en la articulación de los siete principios que guían su perspectiva de lógica transmedia.

Según Tosca y Klastrup (2019), la experiencia transmedia siempre está situada en el tiempo, a través del universo transmedia que se encuentra continuamente en expansión; en el espacio, según la materialidad mediática circunstancial de cada parte de la narrativa transmedia; y en el cuerpo de quien vive la experiencia transmedia, por medio de las sensaciones, las emociones y el intelecto. En un estudio sobre la experiencia y los medios, Silverstone (1999) sostiene que la experiencia es siempre física, ya que se basa en el cuerpo y sus sentidos. "Expresamos la experiencia en acciones y actuamos sobre ella. En este sentido, es física, basada en el cuerpo y sus sentidos" (Silverstone, 1999, p. 28).

Optamos por abordar la cuestión desde la más amplia perspectiva de la experiencia mediática, considerando su eventual incidencia transmedia, intermedia o monomedia. Lo que se toma aquí no es la línea singular y situada de los medios, sino su naturaleza flexible y dispersa en una red, que se manifiesta materialmente como un aparato técnico apto para crear disposiciones para actuar conforme a sus dimensiones institucional, social y cultural (Alzamora; Ziller; D'Andrea, 2018). La experiencia mediática se refiere, por tanto, al modo en que la acción comunicativa se concreta mediáticamente, según la fuerza de modelado del medio, su capilaridad potencial y efectiva, las disposiciones que el medio engendra y las posibilidades de actuar que emana. La experiencia mediática puede ser entendida, entonces, como una manifestación necesaria pero no suficiente de la lógica de la comunicación transmedia.

Además de no abordar directamente la cuestión de la experiencia en su concepción de lógica transmedia, Jenkins (2016) tampoco especifica lo que entiende por lógica, ni lleva en cuenta la especificidad comunicacional de la dinámica transmedia que examina. Para comprender cómo la dinámica transmedia circunscribe la experiencia mediática contemporánea y opera como una lógica de comunicación, adoptamos la perspectiva lógica de la semiótica peirceana, ciencia normativa que investiga el lenguaje y sus procesos de significación. Según Rodrigues (2000, p. 2), "no existe experiencia del mundo sin mediación del lenguaje".

Basado en la ética, que investiga el curso de la acción, cuna de la experiencia, y en la estética, que se vuelve a lo que es admirable *per si*, es decir, lo que moviliza la acción y, por tanto, conduce a la experiencia, la lógica o semiótica, se ocupa de los lenguajes y sus procesos de significación (Santaella, 1992). Se propone, entonces, considerar los aspectos éticos de la experiencia mediática, así como los aspectos estéticos que delinean el compromiso social, fundamento de la experiencia mediática en la contemporaneidad, con vistas a comprender la dimensión lógica de la comunicación transmedia.

Consideramos que la experiencia se concreta en acciones y estas implican los sentidos, los cuales se manifiestan en el lenguaje que, a su vez, constituye el sustrato de la comunicación. Como acción compartida en red, la comunicación implica afectación mutua que resignifica la experiencia y acarrea otras acciones (Salgado; Alzamora; Ziller, 2020). La experiencia presupone alteridad y, de este modo, singulariza las acciones en red por contraste, diferencia o distinción. Por consiguiente, si la raíz etimológica de la comunicación remite a "común", como atributo del lenguaje, presupone también la diferencia, fundamento de la experiencia.

En la visión de Ransdell (1980, p. 433), "hay experiencia cuando y solo cuando alguien se encuentra en confrontación con algo diferente a sí mismo y a sus ideas". Esta situación tanto puede converger hacia el incremento de la comunicación, como comunión de ideas, o puede implicar *incomunicación* (Marcondes Filho, 2014), entendida como la imposibilidad de consenso. En la visión de Ciro Marcondes Filho, la comunicación, en el sentido de hacerse algo común, compartir un acontecimiento, una vivencia, es un equívoco. "Nada puede hacerse común. Los hechos, los sentimientos, las emociones, las experiencias son ocurrencias únicas y singulares" (Marcondes Filho, 2014, p. 42). Ante lo expuesto, cabe retomar la afirmación inicial de este texto, sobre la imposibilidad de haber comunicación sin implicar alguna forma de experiencia. Si, en última instancia, la experiencia es incomunicable, ¿de qué especie de comunicación estamos hablando cuando la vinculamos a la experiencia?

1. La experiencia bajo el dominio de la segundidad fenomenológica

Para una comprensión más precisa de la cuestión, debemos hacer una breve presentación de la fenomenología de Charles Sanders Peirce (1839-914), ciencia que Peirce localiza como fundamento de las ciencias normativas, a saber: estética, ética y lógica (o semiótica). La fenomenología, según Peirce, es la ciencia que se centra en todo lo que le aparece a la mente, sea real o no. Este aspecto es de fundamental importancia para abordar el problema de la dinámica transmedia de (des)información, como veremos más adelante.

En la visión de Peirce, el sustrato de la fenomenología es la experiencia, entendida como aquello que es directamente revelado por el arte observacional, lo cual hace que la interpretación, en sí misma, sea la experiencia (Ibri, 1992). Con su fenomenología, Peirce pretendía "inventariar las clases de experiencia cotidiana" (Ibri, 1992, p. 4), aunque tal objetivo podría ser obliterado por la imposibilidad de generalizar la experiencia individual. Según Ibri (1992), la fenomenología, por pretender la formación de los modos de ser de toda experiencia, se basa en tres facultades: ver, poner atención y generalizar. "La extrema simplicidad de estos requisitos presagia uno de los rasgos axiales de la filosofía de Peirce, el cotidiano, lo inmediatamente experiencial y el sentido común asumirán el estatus de piedra angular en la construcción de su pensamiento". (Ibri, 1992, p. 6).

Las tres facultades primordiales están relacionadas con las tres categorías fenomenológicas propuestas por Peirce, bajo las siguientes designaciones: primeridad/*firstness* (calidad), segundidad/*secondness* (relación) y terceridad/*thirdness* (mediación). En su enfoque fenomenológico, la experiencia del estar presente (*firstness*) se singulariza en alteridad (*secondness*) y se hace cognoscible por la mediación (*thirdness*) del lenguaje. La terceridad, reino del lenguaje, es una instancia fenomenológica que se configura como una especie de juicio de la experiencia.

Es en la segundidad, sin embargo, que el fenómeno –real o no– le aparece a la mente en su dimensión de alteridad, algo que se experimenta como un evento singular, es decir, incluso si se repite, será otra ocurrencia, distinta y, por tanto, susceptible de generar reacción, conflicto. Este rasgo distintivo de la experiencia es de fundamental relevancia para comprender el paso de la ocurrencia (segundidad) a la generalización (terceridad) mediante el lenguaje, apto, por consiguiente, para ser comunicado.

La segundidad establece una relación diferencial con la instancia indiferenciada de la primeridad, que es anterior a la alteridad de la experiencia y, por tanto, ajena a la instancia analítica de la mediación. Se trata de un simple sentimiento, una cualidad imprecisa e indiscernible que se manifiesta como facultad esencial para la percepción singular de la experiencia en su contexto de alteridad, sin la cual no se realizará posteriormente la generalización analítica de la experiencia por medio del lenguaje, dominio de la comunicación. La primeridad fenomenológica es la imprecisa instancia de las cualidades del sentimiento que fundamenta la experiencia singular en sus aspectos de alteridad, bajo el dominio de la segundidad fenomenológica, con vistas a alcanzar la generalización analítica de la terceridad fenomenológica, dominio del lenguaje, instancia en la cual la experiencia se interpreta y eventualmente se resignifica, comparte, se coincide o incluso se rechaza.

Las tres categorías fenomenológicas son irreducibles al fenómeno, es decir, coexisten de tal manera que no puede haber terceridad sin el fundamento de la segundidad, así como tampoco puede haber segundidad sin el fundamento de la primeridad, aunque la categoría subsiguiente no sea suficiente para expresar todos los atributos de la categoría anterior. La imbricación lógica de las tres categorías fenomenológicas, que fundamenta todo el marco teórico de Charles Sanders Peirce, permite comprender los matices variados de la experiencia y su relación indisociable con el lenguaje, por medio del cual la experiencia puede ser comunicada, aunque de manera parcial e incompleta. Por tanto, no hay comunicación sin experiencia, aunque la experiencia no sea plenamente comunicable.

2. Lógica transmedia de comunicación

Como ya se dijo, desde el punto de vista etimológico, la comunicación es una paradoja, pues apunta tanto al consenso como al disentimiento. "La raíz de la palabra comunicación nos lleva al dominio de dos lógicas opuestas. Mientras que el sentido 'hacer común' pertenece a la lógica de la conjunción, el sentido de 'separar' nos lleva al dominio de la lógica de la disyunción" (Nöth, 2011, p. 86). Esta paradoja se manifiesta en la dinámica transmedia de (des)información y, de manera más amplia, caracteriza a la sociedad de la desinformación, marcada por la imposibilidad de un consenso amplio, aunque anclada en diversas zonas de una micro comunión de ideas. Según Latour (2020), la ausencia de un mundo común en la contemporaneidad ha llevado al colapso ecológico, a los negacionismos climáticos y científicos, a la explosión de las desigualdades y al ascenso global del populismo. Argumenta que los conocimientos, incluso los científicos, solo tienen sentido ante un mundo común, en la forma de instituciones fiables, como la prensa, por ejemplo.

Esta crisis, instaurada desde los años 1980, según Latour (2020), culminó en la omnipresencia de la paradoja de la comunicación en la contemporaneidad, a través de la incidencia cada vez más intensa de las redes tecnológicas de comunicación en la vida social. Durante la pandemia de covid-19, por ejemplo, las actividades de movilidad urbana se suspendieron por un cierto tiempo, pero a través de las redes tecnológicas de comunicación se posibilitó adaptar las actividades escolares, culturales, sociales y laborales. Por otro lado, las mismas redes tecnológicas de comunicación contribuyeron a impulsar el negacionismo científico que incidió en las acciones colectivas de afrontamiento de la pandemia.

En aquel contexto, la comunicación alcanzó, como nunca antes, la etapa de mediatización profunda, "una etapa avanzada del proceso en el que todos los elementos de nuestro mundo social están intrínsecamente relacionados con los medios digitales y sus infraestructuras subyacentes" (Hepp, 2020, p. 5). Si, por un lado, esta situación evidencia la relevancia de buscar una comprensión más refinada de la articulación entre la experiencia y la comunicación en la contemporaneidad, por otro lado, atestigua la imposibilidad de instaurarse una visión preponderante del tema en los estudios de comunicación. Según Braga (2021, p. 88), "la comunicación hoy parece tan impregnada en todas las cosas y tan multiforme que nos cuesta organizar su enfoque".

Para una aprehensión lógica de la cuestión, asumimos, como ya se ha dicho, la perspectiva de la semiótica, considerada por Peirce una ciencia normativa que examina la mejora lógica de los procesos de significación sobre la base de fundamentos éticos y estéticos. La unidad de significado es el signo, entidad triádica compuesta por objeto, signo (representamen) e interpretante, en constante transformación (semiosis). Según Peirce (1998, p. 283), "un signo es claramente una especie de medio de comunicación, y el medio es claramente un tercero (*thirdness*)". Esta perspectiva evidencia que, en el dominio de la terceridad, el signo establece comunicación a través de la semiosis, que entrelaza la referencia proveniente del objeto que lo determina a su efecto interpretativo, que es posible, actual o lógicamente probable. La experiencia colateral, especie de familiaridad previa con el objeto (Bergman, 2000), coordina la configuración de la red de signos que conforma la semiosis. La experiencia, por tanto, es una condición necesaria para la comprensión cognitiva del signo y del vector semiótico de la comunicación.

Santaella y Nöth (2004) relacionan el modelo de la semiosis, basado en la triada signo, objeto e interpretante, respectivamente a: signo/mensaje, objeto/emisor e interpretante/receptor. Según ellos, esta correspondencia se desdobla en una teoría triádica de la objetivación (signo/objeto), de la significación (signo/signo) y de la interpretación (signo/interpretante). El modelo de la semiosis, por tanto, puede ser entendido como un modelo semiótico de la comunicación.

Pero, aunque la semiosis puede ser tomada como modelo de comunicación, no necesita un agente comunicador externo para conferirle sentido a la dinámica de significación, ni siquiera una intención comunicadora que la impulse (Santaella, 2004), porque el lenguaje no depende de un agente externo que lo procese. Así, desde el punto de vista semiótico, el componente de intencionalidad, tan caro a los estudios sobre la desinformación (Wardle; Derakhshan, 2017), no es un atributo necesario a la semiosis de la (des)información. Esto explica, en parte, por qué las dinámicas de propagación de la desinformación en conexiones digitales no suelen sufrir un impacto significativo por parte de las intenciones, casi siempre frustradas, de desmentirlas.

La cuestión de la intencionalidad comunicativa, sin embargo, fue tratada por Peirce en su teoría del interpretante (Colapietro, 2004), la cual busca mensurar las variadas condiciones de desdoblamiento de la semiosis. El interpretante es multifacético porque corresponde a los significados posibles, actuales y probables del signo, además de ser vector de la mejora pragmática de la semiosis. Se trata de un efecto del signo que tiene la naturaleza de otro signo, apto, por tanto, para conferir continuidad a la semiosis.

En su teoría del interpretante, Peirce menciona algunas divisiones de este y, entre ellas, una división especialmente dirigida a la comunicación. Según esta división, la comunicación sería el resultado de la combinación de tres vectores semióticos: el interpretante intencional, que corresponde a una determinación de la mente emisora; el interpretante efectivo, que se refiere a una determinación de la mente interpretadora; y el interpretante comunicacional, relacionado con la instancia de entendimiento mutuo, una especie de límite ideal de la comunicación (Bergman, 2000).

Aunque no sea posible alcanzar plenamente esta etapa ideal de comprensión mutua, dada la incompletitud efectiva de la semiosis y la propia paradoja fundadora de la comunicación, la semiosis se desdobla pragmáticamente en este sentido, es decir, la tendencia de la significación es autocorregir-se a lo largo del tiempo. Desde esta perspectiva, es posible considerar que la sociedad de la desinformación pueda, en su forma evolutiva ideal, caminar hacia la mejora continua y gradual de los procesos de significación que conforman el actual ecosistema de desinformación, basado en experiencias mediáticas cada vez más sofisticadas, críticas y responsables.

Esta perspectiva es primordial para la comprensión más refinada de la dinámica transmedia de la (des)información a la luz de la lógica transmedia de la comunicación. A partir del modelo peirceano de la semiosis, entendido aquí como parámetro teórico-metodológico para la lógica de la comunicación transmedia (Alzamora; Gambarato, 2014), se considera que los procesos de significación que permean las conexiones digitales configuran una red inmaterial de mediaciones en continua expansión por la variedad de las experiencias ubicadas en cada contexto comunicacional. En sintonía con la experiencia colateral, por medio de la cual se generan cadenas variadas de significación, la experiencia mediática confiere vigor y creatividad a la semiosis de la (des)información, para bien o para mal. Cómo esta dinámica se propaga en red por la acción integrada de agentes humanos y algorítmicos, lo que subraya la naturaleza sociotécnica de la experiencia mediática en la contemporaneidad, se convierte en una tarea ardua, sino imposible, el combate efectivo a la (des)información.

Se nota, sin embargo, que la experiencia mediática no solo refleja las intenciones comunicativas de quien la realiza, conforme las disposiciones técnicas, culturales e institucionales del medio, sino que constituye también, de forma colectiva, la esencia de la transformación del propio medio. La transformación de las funciones semióticas del medio es independiente de cualquier intencionalidad externa porque se hace efectiva a partir del uso social integrado en red, en una alusión a la capacidad de agencia de la propia semiosis. Una plataforma digital como YouTube, por ejemplo, hoy es bastante diferente de su presentación original debido al uso social, es decir, la experiencia mediática concreta la lógica mediática en la misma medida que es vector de su transformación.

Es también producto de la experiencia mediática contemporánea la naturaleza deforme de los flujos de (des)información que permean las conexiones digitales. Los procedimientos de chequeo de la información ejemplifican esta cuestión. Si en el ámbito de la comunicación de masas le correspondía al periodismo chequear la veracidad de las informaciones antes de hacerlas públicas, en el contexto contemporáneo de la mediatización profunda (Hepp, 2020), las agencias de chequeo verifican la veracidad de las informaciones cuando estas ya se han hecho virales en las conexiones digitales. Así, aunque muy relevantes, los procedimientos contemporáneos de chequeo de la información interfieren poco en la dinámica transmedia de la (des)información. Para una comprensión más refinada del tema, sin embargo, se debe aclarar lo que Peirce entiende por información y sus consecuencias para la dinámica transmedia de la (des)información.

3. La semiosis de la (des)información

De acuerdo con Nöth (2013), la teoría de la información de Charles Sanders Peirce comprende la información prioritariamente por el sesgo del conocimiento acumulado en símbolos. Nöth (2013) explica que Peirce tiene en cuenta la sintaxis, pues calcula la información a partir de la combinación entre el sujeto y el predicado de las proposiciones; la semántica, ya que estudia la denotación y la connotación de los símbolos; y la pragmática, relacionada con los procesos de adquisición del conocimiento. El aspecto específicamente semiótico de esta teoría, según Nöth (2013), consiste en el estudio de los diferentes efectos de iconos, índices y símbolos en el crecimiento del conocimiento. De la teoría semiótica de la información, tal como la propone Peirce, sería posible extraer una teoría semiótica de la (des)información, pero esto ya sería tema para otro artículo. Vamos a centrarnos aquí en los contornos más generales de esta cuestión.

En términos semióticos, la información surge de la semiosis, o proceso de significación, como producto simbólico de la experiencia. Gracias a su fundamento fenomenológico, que se vuelve hacia lo que aparece en la mente, sea real o no, la información no necesita guardar una correspondencia necesaria con la realidad, sólo constituir una regla de acción que será interpretada como tal por la fuerza del hábito. Según Peirce (1998), lo que una cosa significa es sencillamente los hábitos que implica.

La formación simbólica del hábito, matriz de la regularidad de interpretación, se fundamenta en patrones de sucesos que configuran a su vez ciertas disposiciones para el actuar sobre la base de la adhesión emocional a una causa, tema o argumento. Estos aspectos inciden en la representación simbólica de la (des)información porque, dada su constitución fenomenológica, el símbolo necesariamente se ancla en fundamentos indexicales e icónicos para referirse al objeto que lo determina.

Según Santaella (2005), el poder referencial del símbolo corresponde a su ingrediente indexical, que lo hace capaz de denotar su objeto por extensión (índice), mientras que su capacidad de connotación corresponde a su ingrediente icónico, que profundiza su capacidad de significado por analogía (icono). Por eso, la (des)información puede simultáneamente referirse de manera factual a un acontecimiento, por referencia denotativa, y conjugar sentidos distorsionados, por profundización de significados. De ahí la complejidad semiótica de la (des)información, que no debe, en absoluto, comprenderse solo por la perspectiva de la falsedad en contraposición a la verdad. Así como la verdad no es un atributo necesario de la información, la mentira no es un atributo exclusivo de la (des)información.

En términos semióticos, la (des)información es un signo que se refiere, por un lado, a una dimensión sígnica anterior, su objeto, a la cual el signo corresponde por aspectos cualitativos de similitud (icono), aspectos factuales de existencia (índice) y aspectos lógicos consolidados en hábitos de acción o reglas de interpretación (símbolo). Por otro lado, se refiere a una dimensión interpretativa posterior que opera semióticamente por emoción (interpretante emocional), recurrencia (interpretante energético) y coherencia (interpretante lógico). La interpretación, que es en sí experiencia (Ibri, 1992), se establece mediante la familiaridad previa con el objeto, por experiencia colateral, en conformidad con los hábitos de acción o reglas de interpretación, respectivamente vinculados a la emoción, recurrencia y coherencia.

Son los atributos de emoción, recurrencia y coherencia, basados en la experiencia colateral previa con las (des) informaciones semejantes, que aseguran el efecto de veracidad necesario al reconocimiento lógico de la (des)información. Este proceso corresponde al método *a priori* de fijación de creencias, por el cual, según Peirce (1998), tendemos a creer en informaciones que se asemejan a las creencias que ya tenemos, pues estas nos parecen lógicamente razonables. Es el caso de las teorías conspirativas.

La dinámica transmedia de la (des)información se expande a través de los hábitos de acción o reglas de interpretación, vinculados a ciertos hábitos de consumo mediático y estos delinean, por experiencia colateral, la actividad comunicacional en red como una especie de predisposición para el actuar (Alzamora, 2018). Por esta perspectiva, la dinámica de propagación de la (des) información puede entenderse como producto de cadenas de hábitos consolidados en la red, lo que dificulta su combate. La actividad comunicacional está impulsada por regímenes de interpretación fundamentados en la emoción, la recurrencia y la coherencia, que se concretan en nuevas experiencias mediáticas que, a su vez, reflejan los mismos hábitos consolidados de consumo mediático, de interpretación y de familiaridad previa con lo que la (des)información denota.

La operación semiótica descrita incrementa la paradoja de la comunicación en la contemporaneidad porque se basa en experiencias mediáticas que convergen para la formación de burbujas ideológicas (Pariser, 2012) o esferas (Sloterdijk, 2016), alrededor de las cuales las opiniones afines se propagan en conexiones digitales con potencial para cristalizar creencias semejantes. En la perspectiva peirceana, la creencia se manifiesta en el establecimiento de un cierto hábito de acción (Hartshorne; Weiss, 1974), cuya regularidad delinea una posición común en forma de opinión compartida.

El significado de una creencia, por tanto, dice respecto a los hábitos que implica. Cuanto más duradera sea una creencia, más se volverá refractaria a las evidencias en contrario. Solo el incremento de la duda tambalea una creencia consolidada hasta el punto de alterar el curso de su semiosis y, consecuentemente, cambiar el hábito de acción o regla de interpretación que la delinea. Este es el principal obstáculo para la confrontación social a la (des)información, pues las creencias que desprecian las evidencias suelen ser refractarias a la duda, como ocurre con el método de la tenacidad, descrito por Peirce (1998), según el cual tendemos a aferrarnos a nuestras propias creencias independientemente de las evidencias en contrario. Este tipo de creencia es aún sedimentada por la adhesión social al discurso de autoridad, otro método de fijación de creencias descrito por Peirce, relativo a la forma en que una (des)información es refrendada o rechazada por una persona, grupo o institución que respetamos.

El problema empírico de la (des)información se inscribe, por tanto, en el dominio de las creencias, no de la verdad. Según Peirce (1958), "sus problemas serían muy simplificados si en vez de decir que quiere conocer la 'Verdad', sencillamente dijera que desea alcanzar un estado de creencia inaccesible por la duda" (Peirce, 1958, p. 189, traducción propia). Este aspecto es de fundamental importancia porque destaca el lugar semiótico del hábito, componente esencial de la experiencia, en la semiosis de la (des)información.

Peirce relacionó el hábito, el dominio simbólico de la información, con el interpretante lógico y el cambio de hábito, la finalidad pragmática de la semiosis, con el interpretante último, refiriéndose este a la finalidad pragmática de la mejora continua de los hábitos. Según Santaella (2004), forma parte del interpretante lógico, concebido como un hábito, regular y gobernar las ocurrencias particulares como una fuerza flexible capaz de incidir incluso en la mejora del propio hábito, mediante el cambio de hábito. Se trata de una "modificación de las tendencias de una persona en relación a la acción" (Peirce, CP 5.416 apud Santaella, 2004, p. 83). La adquisición de nuevos hábitos, por tanto, es una condición necesaria para la mejora pragmática de la semiosis de la (des)información. Como las semiosis concretas se encuentran permanentemente en una etapa intermedia entre la verdad y la realidad, el combate contra la (des)información se vincula más a la mejora ética de las experiencias mediáticas, mediante el cambio de hábito que regula la mejora de las creencias que, al problema metafísico de la verdad, como ha sido frecuentemente planteado. Por tanto, la semiosis de la (des)información enfatiza menos la búsqueda de la verdad, dominio de la lógica, que la formación social de las creencias, dominio de la ética.

> En un sentido general, en la semiosis, el objeto dinámico equivaldría a la realidad y el interpretante final a la verdad. Si fuera posible que el signo se desarrollara hasta el punto de alcanzar el límite de su potencial, tendríamos la revelación perfecta del objeto dinámico, cuando habría una superposición entre lo real y la verdad. De ahí que lo real sea sinónimo de verdad, guardándose la diferencia de la posición lógica diferencial de cada uno. En las semiosis concretas, históricas, sin embargo, siempre estamos a mitad de camino, de modo que nunca podemos afirmar que un signo ha desarrollado todo su potencial hasta el punto de ser capaz de representar todas las dimensiones del objeto que lo determina. Estamos, pues, ineluctablemente, en medio del camino de una verdad siempre relativa, por la mitad (Santaella, 1992, p. 191).

Justamente porque la verdad concreta es siempre parcial e incompleta, la dinámica transmedia de la (des)información focaliza las disputas de sentido en torno a creencias disonantes, lo que contribuye a intensificar las intolerancias que erosionan el tejido social en la contemporaneidad, impactan en la democracia y perjudican el pleno ejercicio de la ciudadanía. En ausencia de un horizonte común proyectado como finalidad pragmática de la comunicación, se privilegia la constitución multiforme de consensos a escala reducida, lo que resulta en un disenso social a gran escala. La paradoja de la comunicación se convierte, así, en combustible que impulsa la semiosis de la (des)información, sobre la base de las experiencias mediáticas delineadas por hábitos de acción o reglas de interpretación, consolidados en conexiones digitales.

El cambio de hábito es, por tanto, la condición necesaria para la mejora de las creencias, una tarea de la ética. Por consiguiente, el combate contra la (des) información solo es posible con un compromiso ético regido por una finalidad lógica, lo que incidiría tanto en las conductas individuales en las conexiones digitales como en las experiencias mediáticas colectivas que emanan de ellas. Esta perspectiva requiere al menos dos enfoques integrados: a) mejora crítica de las acciones colectivas en conexiones digitales, por medio, por ejemplo, de programas sociales de alfabetización mediática: b) regulación de parámetros institucionales, técnicos y legales que delineen posibles acciones en plataformas de redes sociales, con vistas a mejorar las disposiciones para el actuar sociotécnico en conexiones digitales.

4. Algunas reflexiones como conclusión

Comprender la naturaleza múltiple, porosa y maleable de la experiencia mediática, sobre todo en el contexto de una mediatización profunda, es condición necesaria para el enfrentamiento de la (des)información en la contemporaneidad. De manera general, la experiencia delinea la aprehensión individual y colectiva de la realidad. Pero, al encontrarse intrínsecamente relacionada con el lenguaje, la experiencia se traduce en hábitos de acción o reglas de interpretación. Estos se consolidan en creencias duraderas que, a su vez, inciden en las experiencias en conexiones digitales, en forma de burbujas ideológicas o esferas de contagio mutuo.

Las creencias impulsan la propagación social de la (des)información a través de experiencias sociotécnicas variadas en las conexiones digitales, de conformidad con la lógica transmedia de comunicación. El contrapunto a la (des) información, por tanto, sería el incremento de métodos más sofisticados de fijación de creencias, notablemente la popularización del método científico, como antídoto para métodos más rudimentarios, como tenacidad, autoridad y *a priori*, pues estos atraen más para las teorías conspiratorias y similares.

En sintonía con el Programa para la Promoción de la Alfabetización Mediática e Informacional preconizado por la UNESCO (2019), priorizamos un enfoque de la cuestión que enfatiza el fomento de habilidades sociales para un mejor uso de las plataformas mediáticas, no solo en su dimensión técnica, pero sobre todo en su dimensión ético-racional. Este enfoque considera, sobre todo, la perspectiva crítica y responsable de la experiencia mediática, con vistas a la mejora de los procesos contemporáneos de comunicación.

Referencias

ALZAMORA, Geane. A semiotic approach to transmedia storytelling. In FREE-MAN, Matthew; GAMBARATO, Renira. (Ed.). *Routledge Companion to Transmedia Studies:* Routledge Media and Cultural Studies Companions. New York: Routledge, 2018, pp. 438-446.

ALZAMORA, Geane; ZILLER, Joana; D'ANDREA, Carlos. Mídia e dispositivo: uma aproximação. In: LEAL, Bruno; CARVALHO, Carlos Alberto; ALZAMORA, Geane (org.). *Textualidades Midiáticas*. Belo Horizonte: Selo PPGCOM, 2018, pp. 59-82.

ALZAMORA, Geane; GAMBARATO, Renira. Peircean semiotics and transmedia dynamics - communicational potentiality of the model of semiosis. *Ocula – occhio Semiotico sui medi*, Bolonha, v. 15, pp. 1-16, 2014. Disponible en https://www.ocula.it/metadata.php?id=358. Acceso en 03 nov. 2022.

BRAGA, José Luiz. Uma teoria tentativa. Revista da Associação Nacional dos Programas de Pós-Graduação em Comunicação – *E-Compós*, Brasília, v. 15, n. 3, set./dez. 2012. Disponible en www.e-compos.org.br/e-compos/article/download/811/629/0. Acceso en 20 mar. 2020.

BRAGA, José Luiz. Do que não conhecemos os problemas não saberemos as respostas. In *Epistemologia da comunicação*: reflexões metateóricas sobre o especificamente comunicacional [E-book] / organizador, Luiz Signates. – Goiânia: Cegraf UFG, 2021.

BERGMAN, Mats. Reflections on the Role of the Communicative Sign in Semeiotic. *Transactions of the Charles S. Peirce Society*, Bloomington, v. 36, n. 2, pp. 225-254, 2000. Disponible en https://www.jstor.org/stable/27795018. Acceso en 24 mar. 2023.

CASTELLS, Manuel. *A sociedade em rede*. São Paulo: Paz e Terra, 1999.

COLAPIETRO, Vicent. The Routes of Significance: reflections on Peirce's Theory of Interpretants. *Cognitio*, São Paulo, v. 5, n. 1, pp. 11-27, jan./jun. 2004. Disponible en https://revistas.pucsp.br/index.php/cognitiofilosofia/article/view/13206. Acceso en 29 ene. 2023.

HARTSHORNE, Charles; WEISS, Paul (Ed.). *The collected papers of Charles Sanders Peirce* (v. 1-6). Cambridge, MA: Harvard University Press, 1974.

HEPP, Andre. *Deep Mediatization*. London: Routledge, 2020.

IBRI, Ivo Assad. *Kósmos Noétós*. São Paulo: Perspectiva, 1992.

JENKINS, Henry. Youth Voice, Media, and Political Engagement. Introducing the Core Concepts. In: JENKINS, Henry; SHRESTHOVA, Sangita; GAMBER-THOMPSON, Liana; KLIGLER-VILENCHIK, Neta; ZIMMERMAN, Arely. *By Any Media Necessary:* The New Youth Activism. New York: New York University Press, 2016, pp. 1-60.

JENKINS, Henry *et al. Confronting the Challenges of Participatory Culture:* Media Education for the 21st Century. Chicago: The MacArthur Foundation, 2009.

LATOUR, Bruno. *Onde aterrar?* Rio de Janeiro: Bazar do Tempo, 2020.

MARCONDES FILHO, Ciro. Ensaio sobre a incomunicação. *Revista Latinoamericana de Ciencias de la Comunicación*, [s.l.], v. 9, n. 17, pp. 40-49, 2014. Disponible en http://revista.pubalaic.org/index.php/alaic/article/view/85. Acceso en 23 abr. 2023.

MARSHALL, Jonathan Paul. Desinformation Societiy, Communication and Cosmopolitan Democracy. *Cosmopolitan Civil Societies Journal*, Sydney, v. 9, n. 2, pp. 1-21, 2017. Disponible en https://www.researchgate.net/publication/318597794_Disinformation_Society_communication_ and_cosmopolitan_ democracy. Acceso en 14 mayo 2021.

NÖTH, Winfried. Comunicação: os paradigmas da simetria, antissimetria e assimetria. *MATRIZes*, São Paulo, v. 5, n. 1, pp. 85-107, jul.-dez. 2011. Disponible en https://www.revistas.usp.br/matrizes/ article/view/ 38310/41151. Acceso en 16 mayo 2021.

NÖTH, Winfried. Charles S. Peirce's Theory of Information: a Theory of the Growth of Symbols and of Knowledge. *Cybernetics and Human Knowing*, [s.l.], v. 19, n. 1-2, pp. 137-161, 2013. Disponible en https://edisciplinas.usp.br/pluginfile.php/4283714/mod_resource/content/0/Charles%20S.%20Peirce%E2%80%99s%20Theory%20of%20Information.pdf. Acceso en 09 mar. 2023.

PARISER, Eli. *O filtro invisível:* o que a internet está escondendo de você. Rio de Janeiro: Zahar, 2012.

PEIRCE, Charles S. *The Essential Peirce:* selected philosophical writings. Peirce Edition Project. Volume 2. Bloomington: Indiana University Press, 1998.

PEIRCE, Charles S. *Peirce selected writings (values in a universe of chance).* Philip P. Wiener (ed). New York: Dover Publications Press, 1958.

RANSDELL, Joseph. On the paradigm of experience appropriate for semiotics. *Semiotics*, [s.l.], pp. 427-437, 1980. Disponible en https://www.pdcnet.org/cpsem/content/cpsem_1980_0427_0437. Acceso en 9 mayo 2023.

RODRIGUES, Adriano. Para uma genealogia do discurso da globalização da experiência. *BOCC-UBI.* [S.l.], setembro de 2000. Disponible en https://www.bocc.ubi.pt/pag/rodrigues-adriano-globalizacao-experiencia.html. Acceso en 9 mayo 2023.

SALGADO, Tiago; ALZAMORA, Geane; ZILLER, Joana. O sentido comunicacional da hifenização ator-rede. In: ALZAMORA, Geane; ZILLER, Joana; COUTINHO, Francisco (org.). *Dossiê Bruno Latour.* Belo Horizonte: Editora UFMG, 2020, pp. 249-278.

SANTAELLA, Lucia; NÖTH, Winfried. *Comunicação & semiótica*. São Paulo: Hacker, 2004.

SANTAELLA, Lucia. What is a Symbol. *SEED Journal: Semiotics, Evolution, Energy, and Development*, [*s.l.*], v. 5, n. 1, pp. 54-60, 2005. Disponible en http://see.library.utoronto.ca/SEED/Vol3-3/Santaella.htm. Acceso en 20 feb. 2019.

SANTAELLA, Lúcia. O Papel da Mudança de Hábito no Pragmatismo Evolucionista de Peirce. *Cognitio*, São Paulo, v. 5, n. 1, pp. 76-83, jan./jun. 2004. Disponible en https://revistas.pucsp.br/cognitiofilosofia/article/view/13210/9731. Acceso en 23 mar. 2023.

SANTAELLA, Lúcia. *A assinatura das coisas* – Peirce e a literatura. São Paulo: Imago, 1992.

SILVERSTONE, Roger. *Por que estudar a mídia?* Trad.: Milton Camargo Mota. São Paulo: Edições Loyola, 1999.

SLOTERDIJK, Peter. *Esferas I* – Bolhas. Trad.: José Oscar de Almeida Marques. São Paulo: Estação da Liberdade, 2016.

TOSCA, Susana; KLASTRUP, Lisbeth. An experience approach to transmedia fictions. In: GAMBARATO, Renira; FREEMAN, Matthew (ed.). *The Routledge Companion to Transmedia Studies*. London: Routledge, 2019. pp. 392-400.

UNESCO. *MIL CLICKS* - Social Media Initiative. Unesco. [S.l.], 2019. Disponible en https://en.unesco.org/milclicks. Acceso en 29 abr. 2021.

WARDLE, Claire; DERAKHSHAN, Hossein. *Information Disorder*: toward an interdisciplinary framework for research and policy making. Estrasburgo: Council of Europe, 2017. Disponible en https://rm.coe.int/information-disorder-reportnovember-2017/1680764666. Acceso en 13 mar. 2022.

Capítulo 7

Comunicación: la experiencia compartida

Carlos Magno Camargos Mendonça

PPGCOM/UFMG

Beca de Productividad CNPq

Este pequeño ensayo está dedicado a promover una conversación entre algunos aspectos pertenecientes a las nociones de comunicación y experiencia. Tal diálogo tiene por objetivo destacar y relacionar ciertas características perceptibles en las estrechas conexiones existentes entre dichos términos. En el vasto conjunto de posibilidades de interconexión entre los dos vocablos, me atengo a la triada que se levanta sobre el plano del compartir de las vivencias: experiencia, conocimiento y comunicación. La transcripción literal de algunos fragmentos de la bibliografía consultada es una práctica de cita que compone la estrategia de redacción y retórica del ensayo. Cuatro premisas sirven como punto de partida para el diálogo entre comunicación y experiencia.

El primer axioma está anclado en el pragmatismo de John Dewey. El filósofo pensaba que la experiencia era algo que resulta del contacto entre los elementos vivos y los ambientes que los rodean. Dewey (2010) afirma que la vida depende de la interacción entre el organismo y el ambiente. En este sentido, existir es un "estar en relación". Esta condición de la existencia modula la experiencia. Dado que la experiencia es el resultado de las interacciones y que las interacciones son condición para la vida, el acto de experimentar es incesante para la criatura viva. La interacción permite experimentar, conocer, comunicar lo conocido y, por tanto, vivir.

Si la experiencia resulta de las interacciones entre el organismo y el ambiente, esto significa que la experiencia exige el cuerpo y sus modos de percepción. En esta medida, la experiencia no es aprehendida o será la consecuencia de operaciones únicamente intelectuales. Hay una dimensión sensible en el acto de experimentar. Al reclamar el cuerpo, la experiencia se muestra también una acción práctica, sensorial y emocional. Al conocer por la experiencia, el cuerpo crea repertorios, modelos, parámetros para la vivencia y la interpretación de nuevas experiencias —similares o no a las ya experimentadas—. Las interpretaciones de la experiencia están condicionadas también al tiempo, a la historicidad, al espacio y a las localidades donde habita el cuerpo. La vivencia de un cuerpo en un ambiente exige, entre otras cosas, la capacidad para interpretar y comunicar la experiencia.

La segunda premisa tiene su origen en las reflexiones sobre la experiencia propuesta por el antropólogo Victor Turner en uno de sus últimos textos[1]. En este escrito, el antropólogo recuperó el origen de la palabra "experiencia" a partir de su derivación de la partícula per, propia de la familia lingüística indo-europea. Dentro del conjunto que forma esta familia lingüística, el significado de la partícula *per* es intento, pasaje. La misma partícula da origen a la palabra peligro. Procedente del idioma griego, *perao* significa 'pasar por'. Ante esto, destaco aquí el sentido de "pasaje de un estado a otro", de "cambio de posición existencial propiciado por la experiencia", de "rito de pasaje" (Dawsey, 2005, p. 163). Para experimentar es necesario ponerse en riesgo, lanzarse a la aventura. Victor Turner busca en los estudios de Wilhelm Christian Ludwig Dilthey los elementos necesarios para sostener una vinculación entre la antropología de la performance y la antropología de la experiencia. Basado en el pensamiento de Dilthey, Turner describe cinco pasos típicos a la experiencia vivida:

> 1) algo sucede a nivel de la percepción (siendo que el dolor o el placer pueden ser sentidos de forma más intensa que los comportamientos repetitivos o de rutina); 2) imágenes de experiencias del pasado son evocadas y delineadas —de forma aguda—; 3) las emociones asociadas a los acontecimientos del pasado se reviven; 4) el pasado se articula al presente en una "relación musical" (según la analogía de Dilthey), haciendo posible el descubrimiento y la construcción de significado; y 5) la experiencia se completa mediante una forma de "expresión". Performance —término que deriva del francés antiguo *parfournir*, "completar" o "realizar totalmente"— se refiere, justamente, al momento de la expresión. La performance completa una experiencia. (Dawsey, 2005, p. 163)

---

1   "Dewey, Dilthey, and Drama: An Essay in the Anthropology of Experience" In: Turner, Victor W. & Bruner, Edward M. (eds.) The Anthropology of Experience. Urbana and Chicago, University of Illinois Press, 1986, pp. 33-44.

A partir de las consideraciones realizadas por Turner (Dawsey, 2005) sobre la performance como completitud de la experiencia, busco en una afirmación del comunicólogo Harry Pross (1980, 1989, 2006) el tercer postulado: una experiencia produce un conocimiento que se hace público por la comunicación. Una vez que se hace público, el conocimiento de la experiencia ofrece otras y nuevas posibilidades de experimentar, conocer y comunicar. Pross (1980) entiende la comunicación como un sistema simbólico, cultural, temporal y socialmente construido. De esta manera, los sistemas simbólicos delinean las agrupaciones humanas, generan comportamientos y establecen formas de control. Como los sistemas, la organización simbólica está estructurada por los intereses del poder y también por las prácticas de resistencia al poder. Como tal, estas redes de símbolos se actualizan regularmente. Para Pross (1980), los sistemas simbólicos son formas de representación que permiten la comunicación en el grupo social. Los símbolos son mediadores que orientan la forma en que los grupos perciben los acontecimientos de la vida, interpretan los objetos del mundo, organizan las situaciones, jerarquías y valores, cuerpos y ambientes. En este sentido, el pensamiento comunicacional de Pross concibe la comunicación como algo que comienza en el cuerpo y al cuerpo vuelve. La reflexión que promueve se preocupa por el estudio de los vínculos sociales, las interacciones comunitarias, los contactos cara a cara, los modos culturales de representar y comunicar.

El cuarto principio es una afirmación del filósofo Jorge Larrosa: "La experiencia es lo que nos pasa, lo que nos sucede, lo que nos toca. No lo que pasa, no lo que sucede, o lo que toca" (Larrosa, 2002, p. 21). La afirmación de Larossa fue propuesta en el contexto de sus reflexiones sobre la educación, como práctica y campo de conocimiento. En su dinámica reflexiva, el filósofo pone la educación frente al par experiencia/sentido. Al efectuar este posicionamiento, Larrosa retira la educación del escenario discursivo que la ubica frente a dualidades como, por ejemplo, ciencia/técnica. Sobre este punto de vista, el filósofo destaca que su gesto para pensar la educación favorece un enfoque "(...) más existencial (sin ser existencialista) y más estética (sin ser esteticista)..." (Larrosa, 2020, p. 21). La interpelación de la tríada experiencia/conocimiento/comunicación en este ensayo sigue el enunciado de Larrosa: una conducta reflexiva y analítica guiada por una perspectiva existencial y estética. Esta afirmación me interesa también por destacar el lugar de la experiencia en el paisaje del régimen de afecciones[2]. Para él, la experiencia está

---

2 Ana Kiffer y Gabriel Giorgi describen este régimen tal como un ámbito de estudios que "considera el universo de los afectos como de orden político y subjetivo. (...) Circuns-

vinculada a la vivencia humana. Así, teniendo como punto de partida la experiencia vivida, podemos reflexionar sobre los modos por los cuales la acción de un cuerpo (performance) es capaz de producir efectos sobre otros cuerpos.

Para la conversación propuesta en este ensayo, cito la comunicación como una acción de interacción entre las conciencias, una conexión humana que prevé intencionalidad y reciprocidad para el establecimiento de vínculos. La comunicación no es "un algo en sí", es siempre "un acto en relación", es "un ser con". Por tanto, comunicar es un actuar que exige coparticipación. Las comunidades se organizan porque las personas se comunican. Es decir, al comunicarse, el grupo socializa sus modos de ser, establece parámetros para una coexistencia, crea un "en común" compartido por el proceso comunicativo. El término comunicación deriva de la palabra latina *communicatione*, que, entre los posibles significados atribuidos al término, denota "participar". *Communicatione* proviene del término latino *comune*, que significa "en común". Así, de modo general, comunicar es actuar para repartir, hacer común, compartir, informar, integrar, narrar, relatar, entre una serie de otros verbos que expresan el compartir y la socialización de una experiencia.

Los procesos comunicacionales, como formas de interacción que permiten las experiencias sociales, son modulados por la experiencia y, simultáneamente, moduladores de la experiencia. La comunicación humana supone el encuentro de las alteridades en la producción de realidades. Como un proceso relacional y social, el intercambio simbólico en la comunicación les permite a las personas replicar valores y sentidos experimentados en lo cotidiano. Por ser un proceso, las prácticas comunicativas están en permanente movimiento y transformación. Desde este punto caracterizador de la noción, busco en la mitología de tradición yoruba sobre el orisha Oxóssi la metáfora (Ricoeur, 2000) que me permite pensar, en este ensayo, sobre la dinámica del eje experiencia/conocimiento/comunicación, bajo tres perspectivas:

> (i) la experiencia y su relación con el fuera y el dentro del grupo social;
> (ii) la materialización de la experiencia en el lenguaje y el conocimiento que de ahí se deriva (Rodrigues, 1997, 2007);
> (iii) la existencia de la experiencia bajo el abrigo de la comunicación (performance), que, vía el uso del lenguaje, permite su socialización –la narrativa del acontecimiento como referencialidad a un mundo– (Ricoeur, 2000).

---

cribiéndolo, como un régimen discursivo, en una lógica que debe ser pensada como no excluyente de las formaciones intelectuales (racionales) e imaginativas (estético-artísticas)". (2019, pp. 11-12)

Utilizo la metáfora en este ensayo por opción estilística, porque creo en la hipótesis de Paul Ricoeur (2000) que comprende la metáfora como un fenómeno de lenguaje capaz de insertar la subjetividad en la narrativa[3]. Al referirme al lenguaje y sus usos en la narrativa para la socialización de la experiencia busco amparo en la idea de lenguaje pleno, propuesta por Ricoeur (2000) al clasificar el lenguaje poético. De esta manera, el lenguaje pleno es aquel formado por las metáforas, los mitos y los símbolos (Oliveira, 2018). Teniendo la hermenéutica de Ricoeur como punto de perspectiva, me coloco ante el cuadro metafórico de la mitología yoruba sirviéndome de al menos dos perspectivas de mirada:

1. la metáfora como posibilidad de proyección de mundos posibles, una ontología del ser y de lo social, un ser-como (Ricoeur, 2000);

2. la metáfora como fuerza argumentativa, dotada de un lenguaje poético y plural, capaz de reescribir lo concreto, de describir lo vivido, situando la experiencia en el tiempo y en el espacio (el contexto y la inserción de las realidades como modos de inclusión de la subjetividad).

Oxóssi es la deidad de la caza y señor de los bosques. En los *terreiros* de umbanda y candomblé, en Brasil, el orisha se asocia a la figura del cazador. Convoco el mito en este ensayo desde su condición de instrumento para el aprendizaje y análisis de lo social. Este clamor busca sus argumentos en las concepciones del antropólogo Bronisław Kasper Malinowski (1948). Para él, a través de los mitos es posible estudiar todas las sociedades. Los mitos son, bajo la mirada del antropólogo, necesarios para cualquier cultura, responsables del mantenimiento de las tradiciones y de la producción de las memorias colectivas.

Oxô se popularizó: la construcción del mito

Cuenta la leyenda que una vez, al regresar de una batalla, Ogum encontró su aldea casi totalmente destruida por los ataques enemigos. En el centro de la

---

3 "Para Ricoeur, la narrativa poética correlaciona una historia y el carácter temporal de la experiencia humana bajo la forma de necesidad transcendental, en la medida en que la vida presupone el contarse a sí misma, para convertirse en historia y transformar el tiempo en tiempo humano por medio de la voz narrativa que introduce la subjetividad en la temporalidad. Este vínculo entre la metáfora y el tiempo presume la mímesis como medio de representación de la realidad en una temporalidad. La mímesis constituye la referencia metafórica". (Oliveira, 2018)

aldea, su hermano menor, Oxóssi, se encontraba rodeado por los guerreros. Ogum le tenía un cariño especial a su hermano. Cuando lo vio en riesgo de muerte, el orisha de la guerra, aunque estaba agotado por la batalla anterior, reunió fuerzas para combatir toda la noche. Cuando amaneció, ya había expulsado a los invasores de su aldea. A partir de entonces, Ogum le enseñó a Oxóssi el arte de la lucha, con el fin de defender la aldea, y la caza, con el objetivo de sustentar a los aldeanos.

El hermano mayor tranquilizó al hermano menor ofreciéndole su protección y garantizándole que siempre estaría cerca cuando necesario. Ogum instruyó a Oxossi sobre cómo desbravar los bosques, caminar por la selva y defenderse. El señor de la guerra preparó al señor de la caza para que se ocupara de sí mismo y de su pueblo.

Una vez, como sucedía todos los años, el rey de Ifé ofreció a la tribu una fiesta con el propósito de celebrar la cosecha del ñame. Todo iba bien hasta el momento en que un gran y asustador pájaro aterrizó sobre la casa real. El ave aterrorizó a toda la tribu y las personas, desorientadas por el miedo, se preguntaban cuál era el origen de aquel pájaro. Ofendidas por no haber sido invitadas a los festejos, las hechiceras Iyami Oxoronga enviaron al pájaro para atemorizar la aldea y acabar con la celebración. Estas hechiceras simbolizan la energía materna, el poder ancestral femenino en su doble condición: protectora y benevolente, amenazadora y destructiva. Son las guardianas de los secretos de la creación y sus energías están presentes en todos los orishas femeninos. Para abatir el ave, el rey de Ifé convocó a los más famosos cazadores.

> "De Ído, vino Oxotogum con sus veinte flechas.
> De Moré, vino Oxotogi con sus cuarenta flechas.
> De Ilarê, vino Oxodotá con sus cincuenta flechas.
> Prometieron al rey acabar con el bicho malvado, o perderían sus propias vidas".
> (PRANDI. 2000. 113)

Después de que todos fracasaran y fueran arrestados por el rey, vino de Irén un cazador de una sola flecha: Oxotocanxoxó. El cazador sabía que si fracasara sería muerto junto con los otros que lo habían precedido. Temiendo por el destino de su hijo, Iemanjá buscó al sacerdote para que la aconsejara. El babalaô orientó a la madre sobre cómo proceder: le pidió que hiciera un ebó, una ofrenda para apaciguar los ánimos de las madres hechiceras. Iemanjá sacrificó una gallina, preparó el ebó y se lo ofreció a las Iyami Oxorongá. Las hechiceras aceptaron la ofrenda. Al mismo tiempo, Oxotocanxoxó levantó su arco y su flecha, el ofá, y con un gesto certero mató al gran pájaro que aterrorizaba la aldea. Ante su gran hazaña, Oxotocanxoxô ganó notoriedad, respeto y recibió como recompensa la mitad de las riquezas de la tribu. Los aldeanos cantaron canciones para alabarlo, llamándolo Oxóssi, que en el idioma local significaba: "El cazador Oxó es popular" (PRANDI. 2000. 113).

Conocimiento: una amalgama entre la experiencia y la comunicación

Por ser el cazador, Oxóssi, divinidad del clan de Ogum, era quien salía de la tribu para desbravar el mundo. Su relación con el exterior, con aquello que está más allá de la frontera de la aldea, le ha permitido a Oxóssi un conjunto de nuevas y ricas experiencias. Al volver a casa, el orisha le comunicaba a la tribu las experiencias que había vivido. De esta manera, Oxóssi pasó a ser asociado al conocimiento, a la contemplación, a las artes y a la producción de conocimiento. Al narrarle a la tribu, el cazador de una sola flecha les describe no sólo la experiencia. También presenta los procedimientos que, al repetirse en vivencias semejantes, se constituyen como técnicas de verificación capaces de validar el conocimiento procedente de la experiencia. Los procedimientos guardan cierto nivel de control y cálculo que deberán guiar la acción frente a posibles acontecimientos semejantes a aquellos que se están narrando. Sus experiencias de ser que caminaba por los bosques le permitieron aprender de los errores, tropiezos y aciertos. Como procedimiento verificable constituido en la narrativa, la descripción de las técnicas del cazador socializa un conocimiento que le permite al grupo crear un repertorio de acciones para experiencias en situaciones semejantes a las de Oxóssi. El compartir la experiencia del orisha era fuente de conocimiento y vida para la tribu.

La palabra compartir tiene su origen en el término latino *partícula*, que a su vez es un diminutivo de *pars*, cuyo significado es "parte". *Pars* deriva del fragmento *per*, que en las lenguas jaféticas o indoeuropeas significa, entre otros sentidos, "dar u ofrecer". Compartir es ofrecer asociadamente. Esto quiere decir que en el compartir todas las partes involucradas disfrutan de algo conjuntamente. Por su parte, la experiencia es una palabra compuesta de tres partículas: *ex* (fuera), *peri* (límite) y *entia* (acto de conocer). En suma, experiencia significa lo que se conoce, aprehendido fuera del límite.

> Si la experiencia se considera como un encuentro con el mundo, entonces es necesariamente vista en conjunción con la comunicación ya que es a ella que le debemos la posibilidad de compartir, adoptar (y superar) las fronteras o los marcos de sentido que fundan la experiencia. (Matthew, 2023, p. 610)

El comunicólogo Samuel Mateus (2023) encuentra en la derivación latina del vocablo experiencia el sentido de intento (*experientia*). Pensada en esta acepción, nos dice el investigador, la experiencia es una forma de apropiarnos del mundo. Para hacer avanzar su argumento, Mateus (2023), de manera semejante a la comprensión de Turner, recurre a la etimología de *èxperiri* (afectar) como un elemento fundamental. Según él, el radical *periri* está presente también en la palabra *periculum* (peligro). En la lengua indo-europea, la partícula *per* denomina "un pasaje". Siguiendo esta línea explicativa, Mateus destaca que *peras* en griego significa límite y *peraino* en el mismo idioma significa "ir hasta el límite".

> Por tanto, la experiencia es etimológicamente una expedición o viaje que arriesga y pone en peligro. Pero es también una prueba de la que se escapa y a la que se resiste, un vivir que extraemos de este encuentro entre el individuo y el mundo. Básicamente, se trata de una jornada de la que (re)cogemos algo, un peligro en el que recuperamos la propia vida (*ex-perientia*). Como Montaigne, afirmamos que el individuo que vive experiencias es un sujeto que se ensaya, que se forma, que se ejercita, que se experimenta. He aquí la vida como ensayo (*experimentum*). (Mateus, 2003, p. 610)

En síntesis, la proposición de Mateus (2023) establece un vínculo insoluble entre la comunicación y la experiencia. Desde este punto de vista, el fenómeno comunicacional es responsable de socializar y al mismo tiempo interpretar los cuadros de sentido de la experiencia. Al interpretar el panorama ofrecido por la experiencia, la comunicación organiza un repertorio, así como establece su simbolización. En otros términos, la comunicación compone los cuadros de sentido y los comparte socialmente.

> Debemos, por tanto, al proceso comunicacional la oportunidad de fundar colectivamente la experiencia. Esta es siempre una interacción, asegurándole a la comunicación la tarea de coordinación de los comportamientos según las reglas y supuestos que dan relevancia a la experiencia. Es porque consiste en un desplazamiento de los límites y una exposición simbólica del individuo al mundo que podemos afirmar la naturaleza eminentemente social de la experiencia. (Mateus, 2003, p. 610)

Al compartir su conocimiento adquirido más allá de la frontera tribal, Oxóssi es a la vez la "interacción con" y la "mediación de la experiencia". A través de su narrativa, el orisha compartía la vivencia de un acontecimiento. Aquello que fue vivido por el cazador se convierte en experiencia colectiva al ser comunicado. La comunicación produce un en común, una interacción entre el fuera y el dentro de la tribu, una acción integrada entre el cazador y la tribu. En esta medida, es también función de la comunicación expandir el conocimiento.

En la umbanda, el conocimiento es la tercera línea de fuerza, precedida por la fe, la primera línea, y el amor, la segunda línea. Para esta religión, el conocimiento es una fuerza expansiva, una energía para buscar aquello que es necesario para el buen vivir, para alimentar el cuerpo y el espíritu. El conocimiento es la fuerza del cazador, la energía de Oxossi. Un cazador es, en esta matriz religiosa, un comunicador. Le trae a la tribu más que el alimento material. Al regresar de los bosques, Oxóssi trae informaciones, novedades y nuevas experiencias, que se multiplicarán por sus narrativas. Oxossi provee a la tribu el alimento que nutre el cuerpo y el espíritu.

Por su destreza y sabiduría, el cazador ha estado a menudo relacionado con la incesante búsqueda del conocimiento. Oxóssi es el gran comunicador, es la divinidad de la expansión, es quien trae la sustancia para el cultivo del conocimiento. Al narrar sus experiencias, el orisha irradiaba conocimiento y ampliaba los sentidos de la vida para las personas que lo escuchaban. En la lógica narrativa del orisha, narrar era una forma de colectivizar la experiencia y ampliar las conciencias. La experiencia compartida ampliaba la conciencia de las personas de la tribu sobre sus condiciones y posibilidades, transformando para siempre la vida de todas las personas. Surge aquí la necesidad de convocar otro sentido para la palabra compartir: además de indicar la acción de compartir algo, el compartir es también un acto de revelación. Así, Oxóssi al narrar le revelaba un acontecimiento a alguien, creaba un mundo posible a partir de la narrativa.

Al reflexionar sobre la importancia de la noción de experiencia para los campos de la psicología, el profesor e investigador Mauro Martins Amatuzzi presenta así una primera delineación para el concepto:

> el término experiencia, por su origen, significa lo que fue retirado (ex) de una prueba o adversidad (perientia); un conocimiento adquirido en el mundo del empirismo, es decir, en contacto sensorial con la realidad. La experiencia se relaciona con lo que uno ve, con lo que toca o siente, más que con el pensamiento. Lo que se deduce de lo que se ve no es propiamente "experiencial", sino pensado. El conocimiento experiencial es el directamente producido por el contacto con lo real. (AMATUZZI, 2007, p. 9)

Esta formulación ofrecida por Amatuzzi me estimula a pensar cuál es la relación entre la experiencia vivida, este contacto sensorial con lo real, y la comunicación de la experiencia, el acontecimiento convertido en lenguaje, pensado. Remontando al mito de Oxóssi a través de los caminos señalados por la noción anteriormente presentada, bajo una primera lectura, sería posible considerar que el conocimiento experiencial adquirido por el orisha fuera de la tribu se limitaría a él. Al regresar a la tribu, Oxóssi es el narrador que se sirve del lenguaje para presentar a la tribu la experiencia pensada. Para el comunicólogo Adriano Duarte Rodrigues (1997), no hay experiencia en el mundo sin la intermediación del lenguaje. Rodrigues destaca que el lenguaje crea destaques específicos en la narrativa de la experiencia. Tales destaques se promueven por vía de los afectos, de aquello que más directamente se relaciona con el mundo vivido por el emisor y el destinatario de la narrativa.

> Podemos distinguir factores de naturaleza física, psíquica y social de la parcialidad del testimonio de la experiencia directa e inmediatamente vivida. La proximidad de los hechos impide la distancia indispensable a su perspectiva, los hábitos y las idiosincrasias tanto individuales como sociales iluminan ciertos hechos y ocultan otros, llevan a mirarlos bajo determinados ángulos y a olvidar otros igualmente relevantes, la implicación afectiva altera a menudo la serena comprensión de los acontecimientos, los eventuales intereses que sus efectos pueden proporcionar ocasionando la valorización de unos aspectos en detrimento de otros. (Rodrigues, 1997, p. 2)

Rodrigues (1997) nombra como testimonio el tipo de relación que se establece entre lo vivido, lo experimentado por un sujeto y aquello que posteriormente este le comunica a quien no vivió el acontecimiento. El testimonio proporciona un tipo de aprendizaje, de vivencia de la experiencia promovido por la comunicación. Según el comunicólogo, hay que considerar el hecho de que el reconocimiento de la autoridad del que narra determina la credibilidad de lo que se ha testimoniado.

Además del testimonio, Rodrigues (1997) señala otra posibilidad para la comunicación de la experiencia. La transmisión de la experiencia a las personas que no la han vivido directamente es, según él, el tipo de comunicación más recurrente.

> El efecto específico tanto del testimonio como de la transmisión de la experiencia es un efecto de naturaleza predominantemente informativa, en la medida en que se trata de dar a conocer a alguien una experiencia a la que no tuvo acceso directo e inmediato. Sin embargo, la información asegurada por el testimonio es de naturaleza diferente a la asegurada por la cadena de transmisión. En el testimonio, el emisor crea un intercambio originario de la experiencia, mientras que, en la cadena de transmisión, los sucesivos emisores constituyen

la modalidad tradicional de la experiencia, en el sentido más genuino del término. En este segundo caso, cada uno de los destinatarios del mensaje se asume también como emisor. Es esta duplicidad de estatutos de cada uno de los eslabones de la transmisión que forma la cadena ininterrumpida que caracteriza la tradición (Rodrigues, 1997, p. 3).

El investigador avanza en la diferenciación entre el testimonio y la transmisión de la experiencia. Testimonio y transmisión tienen fundamentalmente un propósito informativo. En ambas situaciones, se trata del informante revelar una experiencia no vivida por el informado. El testimonio es la narrativa realizada por quien vivió la primera experiencia. La transmisión, afirma Rodrigues (1997), es un tipo de narrativa de la experiencia efectuada por quien conoció el testimonio, pero no vivió la primera experiencia.

Un tercer tipo de comunicación de la experiencia es definido por Rodrigues como simbólico. En esta modalidad dos puntos son de fundamental importancia: el reconocimiento de lo que se comunica y la razón por la cual se comunica aquella experiencia. La repetición de la narrativa que cuenta una experiencia ya conocida tiene la función de alimentar o ayudar a fortalecer el vínculo social del grupo.

> (...) la interpretación de lo que decimos presupone un cierto conocimiento relevante extraído de la enciclopedia del conocimiento mutuamente conocido por los interlocutores. Normalmente el conocimiento se supone y se deduce del contexto, pero el locutor puede no estar seguro de que su interlocutor actualiza los supuestos adecuados a la interpretación de su mensaje. Es para garantizar la constitución de la mutualidad del conocimiento relevante para la intercomprensión que el locutor es a menudo direccionado a comunicar hechos y acontecimientos perfectamente conocidos de su interlocutor. (Rodrigues, 1997, p. 5)

Como una consideración final

El conocimiento que Oxóssi recibió de Ogum lo transformó, le ofreció otra dimensión para la existencia de Oxó. La perspectiva para experimentar y conocer la existencia que Ogum le concedió tiene el valor de una herramienta para Oxóssi. En el Candomblé y en la Umbanda, las herramientas contienen los símbolos que le otorgan identidad a un orisha: armas sagradas, colores, elementos de la naturaleza, comidas, saludos y oraciones, cantos, lugar, día de la semana. Siendo un cazador, las armas sagradas de Oxóssi son un eruquerê –látigo ceremonial, compuesto de un mango de madera con una cola de vaca pegada en la punta, usado para espantar las malas energías–, y un ofá –herramienta formada por un arco y una flecha (figura 01)–. Además de metaforizar la gran hazaña del cazador de una sola flecha, el ofá es también una metáfora para un direccionador, un indicador de sentido o índice que apunta para un camino. Aprehendido por la narrativa poética (Ricoeur, 2000), el ofá tiene el valor de la tecnología sagrada del orisha para garantizar el alimento físico y simbólico para la tribu. Al comunicar sus experiencias, Oxóssi garantiza la supervivencia y la evolución de su comunidad. Como símbolo principal del orisha el ofá representa simultáneamente la abundancia de alimentos, así como el conocimiento de una comunidad.

Figura 01. Arco y flecha (Ofá) de Oshosi.
Colección de etnología africana y afrobrasileña en el Museo Nacional - Rio de Janeiro, Brasil

Cuando Ogum le enseña el arte de la guerra y la caza a Oxossi, le cambia el sentido de la existencia, ofrece la posibilidad para que Oxóssi pudiera, a partir de las vivencias fuera de la tribu, "convertirse en señor de sí mismo". Ogum le confirió a Oxóssi una formación necesaria para la autotransformación del sujeto, un cierto modo de actuar desde el cuidado de sí mismo y de los demás (Foucault, 2014). Desde el arco del pensamiento de Foucault, Ogum establece una relación entre el cuidado de sí mismo, la ética, la experiencia y la gobernabilidad. Si seguimos la aproximación entre el pensamiento de Foucault y la agencia de Ogum sobre Oxóssi nos encontramos con un tipo de relación que solicita un análisis complejo.

> Se trata del análisis de una relación que no se reduce a la autoconciencia, sino que se centra en la idea de la constitución de uno mismo como experiencia, como sujeto moral; en esta experiencia el individuo circunscribe la parte de sí mismo que constituye el objeto de su práctica moral, define su posición en relación al precepto que respeta, establece para sí mismo un cierto modo de ser que le valdrá como realización moral de sí mismo. Para ello, actúa sobre sí mismo,

busca conocerse, perfeccionarse, transformarse. (Portocarrero, 2011, p. 73)

El trípode experiencia/conocimiento/comunicación sostiene, sobre todo, las condiciones para la emancipación de las personas y no solo el establecimiento de modos de supervivencia. Sin embargo, no existe una correlación directa entre este trípode y la creación de condiciones de autogobierno. Es necesario promover esta conexión. Entiendo que una de las estrategias para promover la libertad es la garantía de una comunicación diversa e inclusiva.

Es un hecho que la experiencia es fundamental para el conocimiento y que este es liberador. Sin embargo, la socialización del conocimiento procedente de la experiencia llevada a cabo bajo una perspectiva que apunta al control de la narrativa, al manejo del testimonio dentro de límites estrechos y, por consiguiente, la manipulación de la transmisión, puede transformar la comunicación de la experiencia en prácticas de control. Por otro lado, la comunicación diversa y accesible puede ofrecer las condiciones estratégicas para las prácticas de resistencia. Para Dewey (1980), la experiencia unifica sujeto y objeto, cosa y pensamiento. Si la comunicación es una acción que ocurre entre conciencias, un "hacer con", la elección de lo que se narra, de lo que se comunica sobre la experiencia será siempre política, ética y estética.

La experiencia contiene la vida y está contenida en la vida de las personas. Mientras vivencia, la experiencia será siempre histórica y, por las técnicas y procesos de comunicación, sus sentidos perduran más allá de la duración de la vida de los cuerpos. El conocimiento resultante de la experiencia define cómo vivimos, las maneras en que adquirimos nuevos conocimientos, nos organizamos, producimos cultura y otros valores simbólicos.

Referencias

AMATUZZI, Mauro Martins. Experiência: um termo chave para a Psicologia. *Memorandum*: Memória E História Em Psicologia, Belo Horizonte, v. 13, pp. 8-15, 2007. Disponible en https://periodicos.ufmg.br/index.php/memorandum/article/view/6699. Acceso en 15 mar. 2023.

BONDÍA, Jorge Larrosa. Notas sobre a experiência e o saber da experiência. *Revista Brasileira de Educação*, Rio de Janeiro, n. 19, pp. 20-28, jan./fev./mar./abr. 2002. Disponible en https://www.scielo.br/j/rbedu/a/Ycc5QDzZKcYVspCNspZVDxC/?format=pdf&lang=pt. Acceso en 08 ago. 2022.

DEWEY, John. *Experiência e natureza*; Lógica: a teoria da investigação; A arte como experiência; Vida e educação; Teoria da moral. São Paulo: Abril Cultural, 1980.

DEWEY, John. *Arte como Experiência*. São Paulo: Martins Fontes, 2010.

MALINOWSKI, Bronislaw. Myth in the Primitive Psychology. *In*: MALINOWSKI, Bronislaw. *Magic, Science and Religion and Other Essays*. Boston: Beacon Press, 1948, pp. 72-124.

MATEUS, Samuel. A Comunicação como Experiência e como Vivência: alguns apontamentos a pretexto de W. Benjamin. *In:* MARTINS, Moisés de Lemos; Veríssimo, Jorge. (Ed.). *Comunicação global, cultura e tecnologia*: Livro de Atas. Braga: SOPCOM - Associação Portuguesa de Ciências da Comunicação, 2013, pp. 610-614.

OLIVEIRA, Rita de Cássia. Hermenêutica e literatura: a metáfora em Paul Ricoeur como princípio de interpretação da poética em O Guesa, de Sousândrade. *Revista do Programa de Pós-Graduação em Letras da Universidade de Passo Fundo*, Passo Fundo, v. 14, n. 1, pp. 41-59, jan./abr. 2018. Disponible en https://seer.upf.br/index.php/rd/article/view/6815. Acceso en 28 feb. 2023

PRANDI, Reginaldo. *Mitologia dos orixás*. São Paulo: Companhia das Letras, 2000.

RICOEUR, Paul. *A metáfora viva*. São Paulo: Edições Loyola, 2000.

RODRIGUES, Adriano Duarte. Comunicação e Experiência. *BOCC-UBI*. [*S.l.*], 1997. Disponible en http://bocc.ufp.pt/pag/rodrigues-adriano-comunicacao-experiencia.pdf. Acceso en 28 feb. 2023.

RODRIGUES, Adriano Duarte. Para uma teoria da experiência. *Revista da Faculdade de Sociais e Humanas*, Lisboa, n. 19, Edições Colibri, pp. 7-21, 2007. Disponible en https://run.unl.pt/bitstream/10362/8155/1/_feito%20%282%29.pdf. Acceso en 25 ene. 2023.

9 786316 680013